진로 탐색
보드게임북

진로 탐색 보드게임북

초판 1쇄 인쇄 2023년 12월 27일
초판 1쇄 발행 2024년 1월 15일

지은이 박점희·박찬정
펴낸이 이범상
펴낸곳 (주)비전비엔피·애플북스

기획 편집 차재호 김승희 김혜경 한윤지 박성아 신은정
디자인 최원영 이민선
마케팅 이성호 이병준 문세희
전자책 김성화 김희정
관리 이다정

주소 우) 04034 서울특별시 마포구 잔다리로7길 12 (서교동)
전화 02) 338-2411 | **팩스** 02) 338-2413
홈페이지 www.visionbp.co.kr
인스타그램 www.instagram.com/visioncorea
포스트 post.naver.com/visioncorea
이메일 visioncorea@naver.com
원고투고 editor@visionbp.co.kr

등록번호 제313-2007-000012호
ISBN 979-11-92641-23-2 14370

교육과 만난 보드게임북 시리즈 6

진로 탐색 보드게임북

박점희·박찬정 지음

애플북스

이 책에 대한 추천사

메타버스(metaverse), 생성형 AI 등의 미래 핵심 기술을 토대로 본격적인 미래 사회가 열리고 있다. 더불어 미래의 유망 직업과 새로운 직업들이 매일같이 등장하고 있는 지금, 알파세대와 Z세대 청소년에게 "미래에 어떤 일을 하며 어떤 삶을 살 것인가?"는 너무나도 중요한 과제이다. 이 책은 기술의 발전과 직업 환경의 변화에 맞춰 어떻게 진로를 탐색하고 계획하며 행동해야 하는지에 대해 정밀한 나침반이 되어준다. 또한 예측 가능하고 유사 반복되던 기존의 진로 프로그램의 한계를 뛰어넘어, 게이미피케이션(gamification)과 에듀테인먼트(edutainment) 요소를 충실하게 반영하여 교사와 학생 모두 즐겁게 상호작용하며 진로를 탐색할 수 있는 실제 방법과 기술을 제공한다는 점에서 현저한 차별성을 가진다. 더불어 20년이 넘는 프로그램 개발 및 운영 경험을 토대로 집대성한 현장형 실전서로서, 박점희 저자가 심혈을 기울인 이 책이 미래 지향적이고 새롭고 창의적이며 효용성 높은 진로 프로그램을 원하는 교사와 청소년에게 재미와 유익함을 제공할 것으로 기대한다.

홍성관 _ 한국IT직업전문학교 교수

미래에 가장 유망한 직업은 무엇일까? 알 수 없는 답을 찾기 위해 많은 고민을 하고 있는 지금이 인생에서 가장 중요한 순간 중 하나임은 틀림없다. 자신의 진로를 탐색하는 다양한 방법이 있겠지만 즐거운 게임을 통해 찾을 수 있다면 더할 나위 없을 것이다. 박찬정 선생님의 노하우가 청소년들이 진로를 선택하는 데도 빛을 발하리라 확신한다.

양성혁 _ 경기도교육청 장학사

진로의 중요함을 누구보다 잘 아는 진로교사로서 진로를 탐색하는 방법이 많아지는 것은 언제든지 환영이다. 학생들이 즐겁고 재미있게 자신의 꿈을 찾을 수 있다는 점이 기대된다. 다양한 분야의 보드게임북을 출간했던 박찬정 선생님의 노하우를 바탕으로 현장에서 무엇이 필요한지 파악하여 제작된 이 책이 전국의 수많은 학교에서 널리 사용될 것으로 생각한다.

장윤심 _ 고림중학교 진로교사

학교 현장에 미디어를 활용한 진로 수업이라는 주제를 가지고 오신 박점희 선생님을 7년 전에 만나 지금까지 인연을 이어오고 있다. 기존의 수업 도구에서 벗어나 다양한 방법으로 학생들의 역량을 끌어내시는 모습을 보고 매력을 느꼈다. 선생님의 수업 툴(tool)은 매번 진화하고 있다. 신기술의 발전과 함께 빠르게 변화하는 직업의 세계를 보드게임으로 풀어낸 이 책은 살아 있는 진로 탐색을 위해 도움받고자 하는 교사, 학부모, 학생 모두에게 즐거운 선물이 될 것이다.

이연희 _ 마곡 하늬중학교 진로교사

포스코의 중소기업 컨소시엄 직업교육에서 교육생들의 참여도와 흥미를 높이기 위해 게임 요소를 활용한 교육을 진행하곤 하는데 높은 학습 효과는 물론 학습 성취도 향상으로 이어진다. 이 책은 게임 요소를 활용하여 진로 교육을 하는 방법을 상세하게 설명하고 있으며, 학생들이 쉽게 따라 할 수 있는 예시와 함께 구성되어 있다. 학생들이 진로 선택에 대한 흥미와 자신감을 높일 수 있을 것이라고 확신한다.

김현주 _ 청담커뮤니케이션 원장

요즘 아이들에게 가장 큰 고민은 무엇일까? 누가 뭐래도 진로 문제가 가장 압도적일 것이다. 진로 고민을 시원하게 타파해 줄 이 책에는 재미있고 흥미로우면서도 유익한 게임들이 들어 있다. 진로를 정하지 못하고 우왕좌왕하는 친구들은 이 책을 통해 확실하게 진로를 찾을 수 있을 것이다.

이채린 _ 박찬정 선생님 제자

진로와 직업의
길에서 묻다

우리는 누구나 행복한 삶을 꿈꾼다.

그래서 학교에 가고, 공부도 하고, 친구와 어울리며, 자신을 만들어간다. 그 안에 나의 미래가 있고, 그 미래를 꿈꾸고 노력해 나갈 때 행복을 느낀다. 이렇게 나를 위한 길을 열어갈 때 가장 큰 고민이 바로 나를 아는 것이다.

부모 세대는 자신이 무엇을 좋아하고, 어떤 것을 할 수 있는지에 대한 고민 없이 성적과 환경에 맞춰 진로와 직업을 선택했다. 하지만 지금 아이들은 내가 좋아하고, 잘할 수 있는 일을 찾기 위한 교육을 받는다. 그래서 꿈과 끼를 키우는 자유학기제가 도입되었고 진로와 직업이라는 과목도 개설되었다. 하지만 중학교 1학년의 나이에 자신에게 꼭 맞는 직업을 찾기란 쉽지 않으며, 그것으로 진로를 설계하기란 더더욱 어려운 일이다.

"전 꿈이 없어요."

"제가 뭘 잘할 수 있는지 모르겠어요."

"저는 성적이 안 좋아서, 아무것도 못 할 것 같아요."

두 저자가 만났던 청소년들이 가장 많이 하는 고민이다. 유치원 때 용감한 소방관이나 도둑 잡는 경찰이 되겠다던 꿈은 초등학생이 되면 어디론가 사라지고, 초등학교 때 꾸었던 소위 '사' 자가 붙는 직업들도 고학년이 되면 성적과 타협하며 하나씩 지워진다. 그래서 꿈을 키워야 할 중학생이 되면 하고 싶고 되고 싶은 것이 없어서 "뭘 할 수 있을까"에 대한 고민을 시작한다.

드라마 〈응답하라 1997〉에서도 진로에 대해 고민하는 학생들의 이야기를 다루었다. 그때 학생들의 진로를 상담하던 선생님이 이런 말을 한다.

"장래 희망이라는 건 결국엔 뭘로 먹고살 것인가 하는 것이다. 헛꿈 꾸다가 시간 버리고 돈 버리면 누가 책임지겠는가. 그래서 가까이 있는 꿈에 만족해야 하는 것이다. 내가 하고 싶은 일보다 할 수 있는 일을 생각해 봐야 한다. 공허한 열정은 가슴앓이만 남을 뿐이니까! 그래도 그 미련한 짝사랑을 해볼 만한 이유는, 그 열정이 가끔은 큰 기적을 만들기도 하고, 아주 가끔은 멀리멀리 돌아 이루어지기도 하며, 설령 이루지 못하더라도 그 꿈 근처에 머물며 행복하게 살 수도 있기 때문이다. 그러니 할 수 있는 일보다 하고 싶은 일을 생각해 보자."

'초등학교 1학년 선생님'이 꿈이었던 저자 역시, 꿈 근처에 머물며 행복한 삶을 살고 있다. 이처럼 꿈 근처에 머물기 위해서는 그와 관련된 다양한 직업을 알아야 한다. 예쁜 옷을 디자인하는 디자이너가 되고 싶었던 사람이 옷이 아니라 구두 디자이너가 되는 것처럼 말이다. 과거 인기를 끌었던 드라마 〈토마토〉는 구두 디자이너를 주인공으로 설정했고, 제화 회사를 배경으로 다양한 이야기가 펼쳐졌다. 이 드라마로 인해 구두 디자이너가 세상에 알려졌고, 실제로 제화 업계에 실력 있는 디자이너들이 몰려 즐거운 비명을 지르기도 했다. 최근에는 먹방이 인기를 끌면서 파티셰나 셰프처럼 요리와 관련된 직업이 제대로 알려지는 계기가 되었다. 이처럼 시기마다 변화하는 사회 속에서 아이들은 그 흐름을 따라 진로를 고민하게 된다.

한때 '되고 싶은 직업' 상위권에 '회사원'이 오른 적이 있다. 우리 아이들은 어떤 일을 하고 싶은지가 아니라, 그저 목에 사원증을 거는 것을 진로의 최종 목표로 삼지 않았으면 한다. 그러기 위해서는 끊임없이 나를 돌아보고, 무엇을 할 수 있을지 고민하고, 하나씩 노력해 나가야 한다.

2023년 12월
박점희

차례

이 책에 대한 추천사 ·········· 4

프롤로그 진로와 직업의 길에서 묻다 ·········· 6

이 책의 구성과 활용법 ·········· 10

1장 진로와 직업에 대한 이해

1. 무엇을 해야 할지 모르는 학생들 ·········· 15
2. 지피지기면 백전백승 ·········· 18
3. 미래를 읽어야 보이는 직업과 진로 ·········· 20
4. 선생님 부모님! 지도 Tip ·········· 25

2장 진로 탐색 보드게임

직업 옆에 직업 게임 ·········· 31
직업 선택의 기준이 되는 가치 게임 ·········· 39
메타버스 공무원 성장기 게임 ·········· 47
4차 산업 시대의 창업/창직 게임 ·········· 55

활동 자료

직업 옆에 직업 게임 설명서 ·········· 68
직업 공간 카드 42장 ·········· 69
직업 옆에 직업 카드 72장 ·········· 83

직업 선택의 기준이 되는 가치 게임 설명서 ·········· 107
직업 가치 카드 48장 ·········· 109
순위 칩 ·········· 117
점수 획득칩 35개 ·········· 171

메타버스 공무원 성장기 게임 설명서 ·········· 119
게임판 ·········· 121
게임 말 5개 ·········· 125
공무원임용 카드 64장 ·········· 127
공무원 직제표 1개 ·········· 143
진로탐색 카드 16장 ·········· 145
주사위 3개 ·········· 151
나의 직위 및 직급 변동표 1개 ·········· 153
공무원 직급과 직위 작성표 1개 ·········· 155

4차 산업 시대의 창업/창직 게임 설명서 ·········· 157
업무 수행 능력 카드 56장 ·········· 159
순위 칩 25개 ·········· 169
점수 획득칩 35개 ·········· 171

최초의 학습용 보드게임북!

학습 목표

다양한 직업이 있음을 알고, 게임

→ 학습 목표를 확인하자.

준비물(활동 자료는 68쪽 참조)

게임 설명서(68쪽), 직업 공간 카드

→ 뒤쪽에 있는 활동 자료를 잘라 준비한다. 이때 카드 크기에 맞는 OPP 비접착 봉투가 있다면 금상첨화. 두고두고 쓸 수 있는 교구를 갖게 된다.

학습 도움말

1. 도서 연계하기

→ 학습 도움말을 참고하여 학습 절차에 따라 진행하자. 사전 및 사후 교육에 대한 안내도 소개하고 있으니 꼼꼼히 확인한다.

활동지

직업 옆에 직업

→ 제대로 학습이 되었는지 확인이 필요하다. 그렇다면 학습 정리 페이지를 복사해서 나눠주자.

평가 루브릭

 자기-동료-교사 평가

수업을 마쳤다면, 스스로 평가하고, 동료 평가도 하고, 교사 평가도 남기자. 학생 수 만큼 복사하여 사용하면 된다.

'직업 옆에 직업 게임' 설명서

자세한 설명서가 제공된다. 교사가 설명하고 진행할 수도 있고, 학생 스스로 이해한 것을 바탕으로 설명한 후 게임을 진행해도 좋다. 게임을 바탕으로 이루어지는 수업은 언제나 즐겁다.

 보드게임은 오프라인에서만 가능하다고?

온라인 수업에서도 보드게임은 소통의 도구로 활용 가능하다.

1. 직업 옆에 직업 게임
다양한 직업이 모여 일하는 공간을 제시하고, 그 공간에 있을 것 같은 다양한 직업을 떠올리는 자료로 활용해 보자.

2. 직업 선택의 기준이 되는 가치 게임
직업 선택의 기준을 경매 게임으로 진행할 수 있다.

3. 메타버스 공무원 성장기 게임
공무원의 세계는 분야도 넓고 다양한 일은 하는 사람들이 모여 있음을 학습하고, 직업윤리 등에 대해 토의해볼 수 있다.

4. 4차 산업 시대의 창업/창직 게임
미래 사회에 필요한 일과 역량 카드 몇 장을 샘플로 보여주고, 학생들이 직접 미래 사회에 필요한 일과 역량을 조사하고 카드를 만들게 할 수 있다.

1장

진로와 직업에 대한 이해

1. 무엇을 해야 할지 모르는 학생들

'국어과 전공자가 할 수 있는 일은 매우 많아요'

진로 수업에서 만나는 학생들에게 빠지지 않고 하는 이야기가 있다. 하나는 세상에는 다양한 일이 있고, 내가 하고 싶은 일과 유사한 일들이 아주 많다는 것이다. 그리고 다른 하나는 그러한 일들은 다양한 기관에서 필요로 한다는 것이다. 예를 들어 국어과를 졸업한 학생들은 가르치는 일 외에도 다양한 능력을 발휘할 수 있다. 그중 글쓰기를 바탕으로 생각해 보면 작가, 사보 편집자, 기자 등이 있으며, 이들은 기업, 언론사 등의 다양한 곳에서 일한다. 즉, 국어과 전공자는 가르치는 교사 외에도 다양한 역량을 발휘할 무대가 세상이라는 넓은 공간에 펼쳐져 있다. 더구나 요즘은 가상 세계에서 돈을 버는 직업인으로 살아가는 사람들이 있다는 점에서 그 한계가 없음을 알 수 있다.

그런데 학생들과 이런 이야기를 나누면, '국어과는 그렇죠'라는 반응이 돌아온다. 경험이 부족한 학생들은 사례를 확장하여 사고하지 못하기 때문이다. 이를 해결하기 위해서는, 하나의 공간에는 다양한 직업을 가진 사람들이 모여 있음을 이해시키는 교육이 필요하며, 이를 바탕으로 스스로 진로를 고민할 수 있도록 지도해야 한다.

진로 선택은 학생들이 살면서 하게 될 다양한 선택 중에서 매우 중요한 결정이다. 이것은 학생들이 평생 할 일을 정하는 데 영향을 미치고, 그 일을 위한 준비 과정을 시작하는 계기가 된다. 따라서 진로 교육의 목적은 학생들이 직업을 선택하는 데 도움을 주고, 가치, 능력, 역량 등을 발전시키도록 지원하는 것이다. 다양한 직업 체험, 선배와의 만남, 상담 등의 프로그램을 통해 학생들은 자신의 흥미와 잠재력을 발견하고, 적합한 진로를 탐색하게 된다.

진로 선택은 일생에 한 번만 하는 게 아니다. 가장 가까이 맞닥뜨린 선택은 '어떤 중학교와 고등학교를 선택할 것인가'이지만, 미래에 내가 '어떤 일을 하며 살 것인가'와 밀접한 관련이 있다. 그러한 측면에서 끊임없이 변화하고 발전하는 사회와 산업을 이해하고, 성장 과정에서 자신의 관심사나 목표가 바뀔 수 있음을 이해하며, 이를 바탕으로 스스로 선택할 수 있도록 지도해야 한다. 자신의 진로를 끊임없이 탐색하고, 새로운 기회와 도전을 준비하는 지속적인 진로 교육을 제공하는 것이 중요하다.

진로 교육은 학생들이 변화하는 미래에 대응할 수 있도록 유연성과 적응력을 길러주는 역할을 한다. 교육과정에서 학생들은 자신의 강점과 약점을 인식하고, 이를 바탕으로 적합한 직업을 선택하고 준비할 수 있다. 또한 교육을 통해 학생들은 자기의 가치를 발견하고, 진로를 통해 사회 구성원으로서 역할을 할 수 있는 방법을 배운다. 그러므로 학생들이 새로운 가능성을 탐색하고 자기만의 길을 찾을 수 있도록 다양한 진로 교육 프로그램이 필요하다.

자신의 역량을 발휘할 수 있는 프로그램을 제시하는 것이 진로를 위한 준비가 되고,

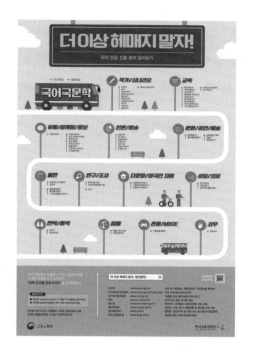

직장 생활의 만족, 스트레스 수준, 이직 등과 같은 이슈를 포함하여 우리의 삶을 안내하는 출발점이다.

'게임으로 알아봅시다'

그렇다면 어떻게 해야 효과적으로 더 많은 사례를 탐구하고, 그를 바탕으로 사고를 넓힐 수 있을까? 첫 번째는 가장 보편적인 교육법으로 하나씩 사례를 들어 가르치는 전통적 교수 방식이다. 두 번째는 학생들이 그와 관련된 사례를 찾아서 발표하는 학습자 중심의 교육이다. 전통적 교수 방식은 학생의 참여를 이끌기가 쉽지 않다는 문제가 있고, 학습자 중심은 '아는 만큼 보인다'는 말처럼 학생의 경험 부족으로 인한 정보 검색에 한계가 있다. 물론 이외에도 다양한 직업 체험 프로그램을 운영할 수도 있고, 선배와의 만남이나 상담 등을 통해 지도할 수도 있다.

그러나 진로 선택은 살아가는 동안 끊임없이 해야 한다는 점에서, 스스로 탐색하고, 유연한 사고를 할 수 있도록 지도하는 교육이 절실하다. 학생의 참여도 이끌고, 가르치고자 하는 내용도 전달하며, 유연하게 사고할 수 있도록 교육하기에 알맞은 방식으로 게임화 교육을 선택했다. 그렇게 탄생한 것이 '직업 옆에 직업 게임'이다.

1992년 랜들(Randel)이 과거 28년간의 사례를 분석한 결과에서도 게임화 수업이 전통적 교육 방법보다 효과가 높다는 것을 알 수 있다. 가장 효과적인 영역으로 언어와 수학 그리고 사회과학 분야 순으로 나타났다.

물론 게임이 교육적 효과를 얼마나 거둘 것인가 하는 점, 그리고 게임에만 몰입하고 교육적 효과를 거두지 못할 수 있다는 점 등 게임에 대한 인식 자체가 긍정적이지 않다는 문제가 있다. 게임은 학습자의 자발적 참여와 몰입을 유도하고, 이를 통해 오랫동안 기억하게 하며, 배움의 효과를 극대화할 수 있다는 점에서 추천할 만하다.

2. 지피지기면 백전백승

'지피지기를 위해 나의 과거를 추적해 보았습니다'

진로 탐색에서 중요한 것은 내가 무엇을 가지고 있느냐이다. 나의 흥미와 적성을 비롯하여, 나의 신체적 조건과 정신적 가치관 및 주변 환경 등이 매우 중요하다. 우선 내가 정말 중요하게 생각하는 것이 무엇인지 알아야 한다. 적성은 학교에서 진행하는 다양한 검사(직업 흥미 검사, 직업 적성 검사, 성격 검사, 직업 가치관 검사, 진로 성숙도 검사 등)를 통해 확인할 수 있다. 그러나 흥미나 가치관은 스스로 또는 주변 사람들을 통해 탐색하는 과정을 거쳐야 한다. 과거에 배웠던 예체능, 남들보다 조금 더 잘하는 것, 초등학교 때부터 두각을 나타냈던 능력 등을 돌아보아야 한다. 그래야 내가 갖춘 능력을 알게 되고, 무엇에 1만 시간을 투자할 것인지 가닥을 잡을 수 있다.

'더 많은 직업, 미래 유망 직업이 궁금합니다'

우리는 얼마나 많은 직업을 알고 있을까? 일반인들이 평균적으로 알고 있는 직업의 수는 30개 남짓이라고 한다. 그것도 겉으로 드러나는 직업이 대부분이며, 구체적으로 어떤 일을 하는지 제대로 알고 있는 직업의 수는 훨씬 더 적다고 한다. 통계청

가슴이 시키는 일을 하려면 나를 알아야 한다.	꿈을 이루기 위해 생각해 보자.
나는 과연 누구인가? - 장점, 흥미 있는 과목 - 그동안 교육을 통해 익혔던 것	꿈을 이루는 길은? - 공부는? - 공부 외 무엇을?
나는 무엇을 하고 싶은가? - 직업은 재미로 하는 것이 아니다. 그렇다면 무엇을 위해 직업을 가지려고 하는가?	이 직업은 어떤 일을 하는가? - 주로 하는 일? - 좁은 범위와 넓은 범위?
나는 왜 그 일을 하고 싶어 하는가? - 그 직업을 선택한 이유는? - 나는 그 직업에 맞는 능력을 얼마나 갖췄는가?	이 꿈을 이룬 사람들의 생활은 어떠한가? - 미디어 속에서 - 현실에서
내가 원하는 것을 이루기 위한 무대는? - 특정 회사? - 우리나라 아니면 지구촌?	이 꿈으로 성공한 사람은? - 누구? - 인류에 이바지한 업적? - 닮고 싶은 점?

의 한국표준직업분류(KSCO_2017년 제7차 작성)와 한국직업사전(2020년 기준)에 따르면, 우리나라에는 1만 2,823개의 직업과 1만 6,891개의 직업명이 있으며, 1970년 채택된 국제표준직업분류에 따라 대분류 8종(①전문기술직, ②행정관리직, ③사무직, ④판매직, ⑤서비스직, ⑥농수산업 종사자, ⑦생산·운수·단순노무 종사자, ⑧분리곤란자), 중분류 83종, 소분류 286종의 직업이 있다. 세계로 눈을 돌리면 미국에는 우리나라보다 3배 정도 더 많은 직업이 있다고 한다.

이렇게 많은 직업 중에, 우리가 알고 있는 것은 30개에 지나지 않는 것이다. 그러니 직업 선택의 폭이 넓지 못하고 한계가 생기는 것이다. 대부분 주변을 통해 직간접적으로 경험한 직업과 미디어가 보여주는 직업을 바탕으로 선택한다.

아인슈타인은 다음과 같은 말을 했다.

"본질을 봐라. 본질을 보면 세상의 모든 것들이 무엇보다 잘 이해될 것이다."

본질을 보면, 그 속에 담긴 것을 토대로 예측이 가능하다. 이러한 예측은 시대를 읽는 안목이 되고, 그것이 곧 능력이 된다. 예를 들어 페이스북이 회사명을 '메타'로 바꾼 것은 메타버스를 주도하겠다는 의미다. 그러나 실제로는 아직 주도권을 잡은 게 아니다. 주도권을 잡기 위해 이제부터 투자하겠다는 의지를 내포한 것이다. 그렇다면 우리는 어떤 직업을 가져야 할까? 메타버스와 직접적으로 연관되는 직업을 가져야 할까? 그렇지 않다. 메타버스 세상이 되려면 무엇이 필요한지, 그 본질을 바라봐야 한다. 가상현실과 증강현실이 제대로 구현되기 위해서는 통신이나 그래픽 기술이 필요하다. 이처럼 그 본질을 파악하는 것이 안목을 키우고 진로를 선택하는 바탕이 된다.

아직 직업을 정하지 못한 학생이라면, 미래 사회를 읽어야 한다. 미래에 직업인으로 살기 위해 필요한 능력은 무엇인지, 그 본질을 읽어내야 구체적인 꿈을 현실로 옮길 수 있다.

3. 미래를 읽어야 보이는 직업과 진로

'미래에 사라질 직업이 있습니다'

자급자족하던 시대를 지나 사회를 이루고 일의 분업화와 전문화가 이루어지면서 자연스럽게 사라지는 직업이 생겨났다. 사회를 이루면서 몇 가지 변화를 겪게 되었다.

하나는 삶의 방식의 변화이고, 다른 하나는 사람 수의 변화이다. 그 과정에서 많은 직업이 사라지고, 새로운 직업이 생겨났다.

현대사회는 점차 노령화되고, 백세시대를 눈앞에 두고 있다. 노인 간병인, 노인 심리 상담사, 노년 플래너 등이 생겨나고, 건강, 의료, 웰빙 관련 산업 및 직업의 수요가 증가할 것으로 전망된다. 반면 어린이의 감소로 인해 교사는 사라질 직업에 이름이 올랐다. 인구 변화는 갑자기 생기는 현상이 아니므로 미래를 예측할 때 충분히 고려해야 한다.

유명 인구학자는 우리나라의 저출산 문제로 초·중·고등학생 수가 급감할 것으로 전망했다. 현재의 추세라면 향후 10년 동안 4만 명 이상이 은퇴하지 않으면 신임 교사의 충원이 필요 없다고 한다. 실제로 통계를 살펴보면 2011년 약 313만 명이던 초등학생이 2015년 약 271만 명, 2023년에는 258만 명으로 급감하였으며, 2029년에는 170만 명으로 줄어들 것으로 전망했다. 평생직장을 꿈꾸며 장래 희망을 교사로 정하고 준비하는 학생이라면 신중하게 고민해야 한다.

하나의 직업이 완전히 사라지거나 전혀 없던 직업이 생겨나기도 하지만, 잠깐 또는 오랫동안 사라졌다가 새로운 이름으로 다시 생겨나기도 한다. 또는 다른 직업과 합쳐져서 또 다른 직업으로 재탄생하는 경우도 있다. 직업도 소멸과 생성, 융합을 하는 것이다. 예를 들어 비인기 직업이었던 '꽃꽂이 강사'가 '플로리스트'로, '요리사'는 '셰프'라는 이름으로 선호 직업에 이름을 올렸다. 또한 챗GPT와 같은 생성형 인공지능의 발달로 인해, '프롬프트 전문가'와 같이 인공지능과 관련된 직업이 생겨나기도 했다.

앞에서 살펴보았듯이 과학기술의 눈부신 발달과 삶의 다양화는 2000년대 이후로는 특히 3차 산업과 관련된 직업의 다양화를 가져왔다. 미래에 인기를 끌 것으로 예상되는 직업 분야로는 유전학 전문가, 기후 변화 전문가, 로봇 관리자, 정보보안 전문가 등이 손꼽힌다.

이렇게 직업에도 생명이 있다. 시대의 변화에 따라 많은 직업이 사라지고 새로 태어난다. 기술이 발달하고 산업구조가 고도화될수록 분업이 늘어나면서 직업의 종류는 더욱 다양해질 것이다.

'나는 미래에 사과 장수가 되기로 했습니다'

"엄마, 나 사과 장수 할래."

어느 날 큰딸 유진이가 친구 엄마가 하시는 과일 가게에 놀러 갔다가 저녁 장을 보러 나온 사람들이 사과를 사 가는 모습을 보고 내게 한 말이다.

"엄마, 나 간호사 할래."
"유진아, 이왕이면 의사 어때?"
"의사는 일만 하고, 돈은 간호사가 다 가져가잖아."

유진이는 병원에서 간호사가 돈을 받으니까 간호사가 돈을 더 많이 벌 거라고 생각한 것이다. 유진이가 생각한 직업의 기준은 돈이다. 그렇다면 요즘 친구들은 어떤 기준으로 직업을 선택할까?

한국고용정보원의 연구보고서 '직업 가치관의 변화 및 차이 분석'(2016년 발표)에 따르면, 직업을 선택하는 기준이자 직업을 영위하는 데 중요한 '직업 가치관' 1위는 '몸과 마음의 여유'였다. '몸과 마음의 여유'는 2006년부터 지난해까지 10년간 1위를 유지했다. 그다음이 '직업 안정성', '성취', '금전적 보상', '인정' 순이었다. 반면 2021년 한국경영자총협회가 발표한 'MZ세대가 생각하는 괜찮은 일자리 인식 조사'에서는 현

10년 후 유망 직업 변화

2005년	→	2014년
정보보안 전문가		가스 에너지 기술자
인사 컨설턴트		보건위생 전문가
생명공학 전문가		항공기 정비원
국제협상 전문가		음식 서비스업
헤드헌터		사회복지사

전문가가 꼽은 10대 유망 직업들	
순위	직업명
1	M&A(인수합병) 전문가
2	헤드헌터
3	환경 컨설턴트
4	심리치료사
5	경영 컨설턴트
6	국제법률 변호사
7	인사 컨설턴트
8	국제협상 전문가
9	CRM 전문가
10	자산관리사

자료 : 인크루트

재 청년층의 직업 가치관이 과거 세대와 차이가 있는 것으로 나타났다. MZ세대가 선호하는 기업은 '워라밸이 보장되는 연봉 3,000만 원대 수도권 소재 기업'으로 요약할 수 있다. 구체적으로 보면, 일과 삶의 균형이 맞춰지는 일자리(66.5%), 공정한 보상(43.3%), 좋은 복지제도(32.8%) 등이 보장되는 곳을 괜찮은 일자리로 생각하고 있다.

인기 직업이란 최근 몇 년간 대중으로부터 가장 많이 선택된 직업이나, 어떻게 달라질지 확신할 수 없는 미래 사회 예측에 따라 선택될 직업을 말한다. 지금 초등학생들은 6년의 중·고등교육을 마치고, 대학을 거쳐 군복무와 취업 준비 기간을 합치면 10년 후에나 직업을 갖게 될 것이다. 현재 우리나라에서는 쿡방, 먹방의 인기로 요리사가 주목받고 있다. 셰프는 오랜 현장 경험을 바탕으로 요리 실력과 경영 능력을 겸비한 전문 직업이다. 요리사를 꿈꾸는 사람이 많은 만큼 국내에서 경쟁이 치열하다.

2023 일자리 전망	
기계 분야	건설기계공학기술자 및 연구원, 로봇공학기술자, 기계시험원, 항공공학기술자, 철도기관차정비원, 오토바이정비원, 헬리콥터정비원, 항공기정비원, 산업용로봇조작원, 3D프린팅모델러
재료 분야	재료공학기술자
전기·전자·에너지 분야	전기제품개발기술자, 전기계측제어기술자, 발전설비기술자, 전기안전기술자, 전기감리기술자, 전자부품개발기술자, 전자계측제어기술자, 반도체공학기술자, 디스플레이연구개발자
식품가공 분야	식품공학기술자 및 연구원, 식품공학시험원, 김치·밑반찬제조종사원
화학 분야	비누·화장품화학공학기술자 및 연구원, 의약품공학기술자 및 연구원, 화학제품생산기조작원(고무 및 플라스틱 제품 제외)
섬유 및 의복 분야	섬유제조기계조작원, 세탁기계조작원

출처 : 2022 한국직업전망(한국고용정보원)

하지만 미래 사회의 식문화가 어떻게 바뀔지 알 수 없으므로 유망한 직업이라 할 수 없다. 알약 하나면 한 끼가 해결되는 식품과 약품이 개발 중인 상황에서, 지금과 같은 식문화가 얼마나 유지될지도 미지수다. 그러므로 현재 소위 '잘나간다'는 직업이라는 이유로 선택해서는 안 된다.

유망 직업이란 현시점을 기준으로 직업 성장률, 직업 안정성, 직업 전문성, 고용 안정, 고용 평등, 근무 여건, 그리고 급여 수준 등의 항목을 판단하여 직업명으로 브랜드를 가질 수 있다고 인정되는 직업을 말한다. 사람들의 가치관이 변화하고 있긴 하지만, '유망 직업'의 기준은 크게 달라지지 않았다. 그러나 유망 직업은 어디까지나 예측에 불과하다. 실제로 유망한 직업이 될 수도 있고, 이름 그대로 유망한 직업으로만 남을 수도 있다. 기술 발전의 주기가 너무 짧은 요즘 세상에서 5년, 10년 뒤를 예측한다는 것은 무의미해 보일 수 있다. 아무리 부지런히 쫓아가도 기술과 내 자리 사이의 간극은 벌어지기 마련이다. 그럼에도 우리는 지금 미래를 위해 준비해야 한다.

4. 선생님, 부모님! 지도Tip

'주변인의 한마디가 중요합니다'

어떤 사람은 초등학교 4학년 이상이 되면 자신이 어떤 직업을 가질 것인지 정해져 있어야 한다고 말한다. 어릴 때부터 그 길을 향해 하나씩 포트폴리오를 적립해 나가야 한다는 것이다.

하지만 하루에도 수십 번씩 꿈이 바뀌는 아이들의 특성을 고려해 볼 때, 섣불리 하나의 꿈만을 향해 달려가라고 조언하기도 어렵다. 꿈이 꿈으로만 끝나지 않고 현실이 되기 위해서는 본인 스스로 꿈꾸는 것이어야 한다.

우리 자녀들의 꿈은 어디까지나 자녀의 몫이다. 자신이 원하는 꿈에 대해 많은 정보를 얻고, 그 꿈을 향한 의지와 노력이 더해질 때 공부가 재미있어지고, 공부하라고 떠밀지 않아도 스스로 공부하게 된다. 우리 자녀들이 자신이 가진 재주와 능력을 잘 발휘해서 자신의 몫을 다할 수 있도록 돕는 것이 부모 멘토의 역할이다.

텔레비전 프로그램에 소개된 한 엄마는 딸을 세계적인 인재로 키우기 위해 홈스쿨링을 하고 있으며, 하버드대학교에 입학시키기 위해 태어나면서부터 영어 공부를 비롯한 여러 가지를 준비하고 있다고 말했다. 또한 자신의 아이가 태몽처럼 세계를 돌며 하느님을 찬양하는 사람이 되기를 바란다고 했다. 그런데 이 아이는 과연 자기 스스로

그러한 꿈을 꾼 것일까? 엄마의 암시 때문에, 스스로 생각해 보지 못한 채 엉겁결에 그렇게 받아들인 것은 아닐까?

아이들이 꿈을 선택할 때 부모의 입김이 많은 부분 작용한다. 어른의 기준에서 좋은 직업과 나쁜 직업을 말하고, 돈을 많이 버는 직업과 그렇지 못한 직업이 가려진다. 그러다 보니 아이들은 자연스럽게 부모들이 반대하는 직업은 하찮거나 별 볼일 없는 것으로 여긴다. 하지만 시간이 지나고, 아이가 성장해서 어른이 되면 당시에 가졌던 생각들이 얼마나 잘못된 것인지를 알게 된다. 결국 자신의 흥미와는 전혀 상관없는 다른 길을 부모에 이끌려 걷게 되기도 하며, 부모의 못다 이룬 꿈을 강요받기도 한다. 하지만 그렇게 자신이 원하지 않는 길을 걷게 되는 경우, 중도 하차하기도 하고, 가던 길을 되돌아가기도 하며, 가려던 길에서 벗어나 다른 길을 걷기도 한다.

물론 한 번에 성공적인 길을 걸어가면 좋겠지만 쉽지 않다. 아이 스스로 하고 싶고 가고 싶은 길을 걷도록 이야기를 들어주고 힘을 불어넣어 주자. 그러면 아이는 간혹 걷던 길을 돌아서더라도, 앞에서 보았던 친구들과는 다른 모습을 보일 것이다. 바로 '책임감'이라는 것을 깨닫고 더욱 신중한 선택을 하기 위해 노력할 것이다. 아이들이 책임감 없는 삶을 살지 않게 하기 위해서는 자신의 재주와 흥미 또는 능력 등을 살펴 스스로 선택하고 노력할 수 있도록 도와주어야 한다.

'이렇게 도와주세요'

아이들은 눈에 보이는 것만을 꿈꾼다. 앞에서 살펴본 바와 같이 대부분의 아이들은 연예인, 방송인, 의사, 선생님, 경찰관을 꿈꾼다. 그러나 내 아이만은 다양한 꿈을 꾸기를 바란다면 부모의 꿈부터 들려주자. 어릴 때 가졌던 꿈과 현재의 일, 그리고 미래의 꿈을 말이다. '이 나이 먹어서 무슨 꿈이야?'가 아니라 '꿈은 늘 새로운 목표'여야 함을 알려주자.

백남준의 아버지는 백남준이 자신의 사업을 잇기를 바라면서도, 작은 세상에서 꿈꾸기보다 넓은 세계로 나아가기를 바랐다. 그래서 더 많은 것을 보여주고, 더 많은 것을 경험하게 해주었다. 백남준은 유럽에서 배운 음악과 미술 공부 등이 활력소가 되어 남들은 생각지 못한 비디오 아티스트가 되었다.

그렇다면 어떻게 해야 다양한 직업에 대해 알려주고, 목표를 찾도록 이끌어줄 수 있을까? 우리 주변 사람들과 TV도 좋지만, 신문을 살펴보기를 권한다. 신문 속에는 다양한 직업을 가진 사람들의 많은 이야기가 담겨 있다. 그 이야기들을 바탕으로 미래의 꿈에 한 발 더 가까이 다가갈 수 있다. 여러분의 아이가 더 큰 꿈을 꾸기를 원한다면 더 많은 것을, 더 큰 세상을 보여주자.

가장 중요한 것은 아이의 흥미를 관찰하는 것이다. 평소 무엇을 좋아하는지, 즐겨 읽는 책의 공통점은 무엇인지, 그리고 어떤 것에 더 열중하며 빠져드는지를 살피는 일이다. 그러기 위해서는 아이가 자신의 생각을 부모에게 스스럼없이 이야기할 수 있는 분위기를 조성해 주어야 한다.

초등학생을 대상으로 진로 수업을 진행할 때의 일이다. 남자 아이들의 꿈 가운데 높은 비중을 차지하는 것이 '축구선수'이다. 아이들에게 "축구선수가 되기 위해 어떤 노력을 하면 될까?" 하고 물으면, 10명 중 8~9명은 "축구를 열심히 해요"라고 대답한다. 그런데 정말 축구만 열심히 하면, 속된 말로 공만 잘 차면 축구선수로 성공할 수 있는 것일까?

한 학생이 축구선수가 되고픈 꿈을 발표하였고, 친구들이 그 학생에게 격려의 한마디씩 해줄 때의 일이다.

"축구선수가 되려면 머리도 좋아야 한다."

사실 축구선수를 하겠다고 한 학생은 공부에 별로 관심이 없었다. 그래서 친구의 말을 인정하지 않았다. 그러자 친구는 다시 말을 이어갔다.

"축구에는 전략과 전술이 필요한데, 머리가 나쁘면 전략과 전술을 짤 수 없잖아. 손흥민 같은 사람이 되려면 머리도 좋아야 하고, 공부도 열심히 하고, 컴퓨터도 잘 다룰 수 있어야 해."

그러자 축구선수를 꿈꾸던 학생은 그 친구의 말을 이해했다. 이러한 역할을 우리 부모가 해주어야 한다. 여기에 한 가지 덧붙이자면 꿈 너머 꿈을 꾸게 하라는 것이다. 축구선수라는 직업의 마지막 단계는 결코 선수가 아니다. 생명이 짧은 선수 생활이 끝나면 코치로 한 발 나아가고, 이 단계를 거쳐 감독의 위치에 오를 수도 있다. 이것이 바로 성장형 꿈이다.

그런데 아이들은 축구선수 자체만을 꿈꾼다. 이런 꿈만으로는 미래의 삶을 온전히 그려낼 수 없다. 축구선수가 꿈이라면 적어도 목표를 향해 끝까지 달려갈 수 있는 지구력과 체력, 그리고 전략과 전술을 짤 수 있는 머리, 선수들을 잘 관리하기 위한 인간 행동에 관한 연구와 리더십, 그리고 전문가 수준의 감각과 지식이 필요하다.

이 능력들은 모두 학문에서 비롯된다. 따라서 기본적인 것들을 무시하면 결코 꿈을 이룰 수 없다. 그렇다고 해서 모두가 공부를 잘해야 한다는 이야기는 아니다. 다만 기본이 되는 기초학력과 기본 실력은 익혀둘 필요가 있다.

2장

진로 탐색 보드게임

함께 게임해 주세요

아이들은 자신이 사회 속에서 만났던 사람들을 떠올리며, 소방관을 꿈꾸고 선생님을 꿈꾼다. 그리고 주변 사람들의 영향으로 권위 있는 직업, 돈을 더 많이 버는 직업, 안정적으로 살아갈 수 있는 직업을 꿈꾸며 성장한다. 그러나 재능에 밀리고 성적에 밀려 그 많던 꿈들은 하나둘 사라지고, 자신이 뭘 해야 할지 몰라서 좌절하기도 한다. 이러한 학생들에게 세상은 넓으며, 우리가 알고 있는 것보다 훨씬 더 많은 직업이 있다는 것을 알려주기 위해 탄생한 것이 진로 탐색 보드게임이다.

진로 탐색을 보드게임으로 만나면, 다음과 같은 장점이 있다.
1. 진로 교육에 대한 동기부여 : 게임에 참여함으로써 진로 교육에 대한 흥미를 높이고, 게임 과정에서 경쟁, 협력, 목표 달성 등의 요소를 통해 진로 선택에 대한 동기를 부여한다.
2. 협력과 소통 능력 향상 : 팀으로 진행하는 게임을 통해 현실에 필요한 소통 능력을 향상하고 다양한 직업의 협력이 중요함을 인식한다.
3. 다양한 직업의 간접 체험 : 게임에 등장하는 다양한 직업을 알고, 직업의 역할이나 필요한 능력 등을 익힌다.
4. 개인화된 학습 경험 : 게임에 참여하는 학생의 개별적인 능력과 관심사에 맞춰 사고할 수 있도록 교육을 진행할 수 있다.
5. 즉각적인 피드백 : 게임을 하는 과정에서 성과와 발전에 대해 인식하고, 개선해야 할 부분을 알게 된다.

게임을 통한 진로 교육은 진로 선택의 부담을 덜어주는 장점이 있으며, 직업에 대한 정보를 바탕으로 자신의 진로를 생각하는 사고를 채워가는 계기가 될 수 있다.

직업 옆에 직업 게임

학습 목표

다양한 직업이 있음을 알고, 게임을 통해 자신의 진로를 점검할 수 있다.

• **지식정보 처리 역량**

   다양한 직업에 대한 정보를 탐색하고 분석할 수 있다.

• **심미적 감성 역량**

   가치관과 창의적 경험을 바탕으로 진로를 선택할 수 있다.

• **협력적 소통 역량**

   자신의 의견과 감정을 표현하고, 타인과 생각을 교류할 수 있다.

준비물 (활동 자료는 68쪽 참조)

게임 설명서(68쪽), 직업 공간 카드 42장(69쪽), 직업 옆에 직업 카드 72장(83쪽)

학습 절차

도입	○ 우리 주변에 있는 직업에 대해 탐색하고, 활동지에 작성한다. ○ 특정 공간에 어떤 직업이 모여서 일하는지 활동지에 작성한다.
진행	○ 게임 목표 제시 　: 우리 주변의 다양한 직업에 대해 이해할 수 있다. ○ 게임 준비 　① 4~5명을 한 모둠으로 구성한다. 　② 게임 설명서를 나눠주고 게임 방법을 안내한다. 　③ 선 플레이어를 정한다. 　④ 선 플레이어는 진행 방향(오른쪽, 왼쪽)을 정한다. 　⑤ '직업 공간 카드'를 더미로 쌓아둔다. ○ 게임 진행 과정 　① 카드 배분 　- '직업 옆에 직업 카드'를 잘 섞은 후 팀원 1인에 7장씩 나눠주고, 남은 카드는 가운데 더미로 쌓는다. 　② 공간 선정 　- 선 플레이어는 '직업 공간 카드'를 1장 열고, 직업이 있는 공간을 알려준다. 　- '직업 공간 카드'의 공간은 광의의 공간으로 이해한다. 병원의 경우 우리 동네의 작은 병원이 아니라, 종합병원으로 확대하여 생각한다. 　③ 선 플레이어 카드 제출 　- 손에 들고 있는 카드 가운데 그 공간에 있는 직업 또는 그 공간에 있을 법한 직업 카드 1장을 내려놓는다. 　- 직업 카드를 내려놓은 후, 그 직업이 그 공간에서 어떤 일을 하는지 설명(카드에 작성된 '하는 일'을 참고하여 말함)한다. 　④ 판정 진행 　- 다른 플레이어들의 '인정' 판정을 기다린다. 　- 설명이 부정확하더라도, 가능성이 있다면 '인정'으로 판정한다. 　- 무조건적인 '불인정'은 자기가 판정받을 때도 영향을 끼침을 생각한다. 　- 인정 판정을 받으면, 내려놓은 직업 카드는 더미 밑으로 넣는다. 　- 인정 판정을 받지 못하면, 내려놓은 직업 카드는 다시 가져가고, 더미 맨 위의 카드 1장을 더 가져간다. 　⑤ 다음 플레이어 카드 제출 　- 내 차례가 되었을 때, 제시된 공간에 일치하는 직업 카드가 내 손에 없다면, 더미 위에 있는 카드 1장을 가져오고, '직업 공간 카드'에서 1장을 다시 열어, 공간이 다른 곳으로 바뀌었음을 알린다.

진행	○ 승리 조건 ① 플레이어는 제한된 시간 동안 진행하거나, 또는 정해진 몇 바퀴를 돌거나, 더미에 카드가 없다면 끝낸다. ② 게임 종료 시 손에 카드가 없으면 승리한다. - 손에 든 카드 수가 가장 적은 사람이 승리한다. - 손에 든 카드를 먼저 내려놓은 순서로 순위를 정한다.
마무리	○ 게임 내용 분석 및 공유하기 ① 게임 내용을 바탕으로 한 공간에서 일하는 다양한 직업을 이야기한다. ② 자기가 관심 있는 직업이 어디에서 어떠한 일을 하는지 생각해 본다.

학습 도움말

1. 도서 연계하기

《어린이를 위한 미래직업 100》, 《우리 동네 행복한 직업》, 《와글와글 직업 대탐험》등 직업을 소개하는 다양한 책을 연계할 수 있다. 그 가운데 《직업 옆에 직업 옆에 직업》 은 이 게임과 교육적 목표가 비슷하다. 학습자에 따라 도서를 연계하는 방법으로 난이 도를 조절할 수 있다. 가령 초등학생이라면, 관련된 책을 책상 위에 함께 펼쳐두고, 책 의 목차에 따라 직업이 있는 공간을 선택하고, 책 속 직업 또는 있을 것 같은 직업을 이야기하는 방식으로 진행할 수 있다.

2. 게임의 목표를 기억하자

이 게임의 목표는 한 회사 안에 회사원이라는 하나의 직업만이 존재하는 것이 아니라,

다양한 직업군이 모여서 회사가 형성된다는 것을 아는 데 있다. 즉, 학교라는 공간을 무대로, 교수, 교사, 행정직, 청소직 등 다양한 직업이 모여 있음을 인식한다.

가령 의사가 되기는 힘들지만 병원에서 근무하고 싶다면, 병원에서 일하는 다른 직업을 알아야 한다. 참고로 병원을 찾은 환자는 직업인이 아니다. 물론 환자 중에 물리학자도 있을 수 있고, 교사도 있을 수 있다. 하지만 이들은 병원에서 일하지 않으며, 그렇기에 병원으로부터 급여를 받지도 않는다. 이 게임을 제대로 진행하기 위해서는 게임의 목표부터 확실하게 인식해야 한다.

3. 게임을 원활하게 진행하기 위해

학생들은 지금까지 직업에 대한 정보를 어디에서 얻었을까? 대체로 유치원에서 선생님을 따라 방문한 다양한 기관이나 초등학교에서 만난 주변 사람, 중학교에서 직업 체험의 날에 온 강사를 통해, 그리고 고등학교에서 성적에 맞춰 진학하고자 했던 진로 탐색에서 얻는다. 학생들은 직업에 대해 대체로 주변에서 보고 듣고 알게 된 몇 가지로 한정 짓는다.

이 게임을 원활하게 진행하기 위해서는 그러한 한계부터 열어주어야 한다. 게임을 시작하기 전에 교사가 공간을 제시하고, 학습자가 그와 관련된 직업들을 이야기하는 과정을 구두로 진행해 보자. 이 과정에서 학생들이 이야기한 직업을 인정할 것인가 말 것인가를 판단하는 과정도 경험하게 하자.

활동지

직업 옆에 직업

다음 질문에 답해 봅시다.

1. 다양한 직업을 써봅시다.

2. 특정 공간에 어떤 직업이 모여서 일하는지 써봅시다.

내가 일하고 싶은 공간	그 공간에서 일하는 직업 3개 이상
그 외 공간 1	그 공간에서 일하는 직업 3개 이상
그 외 공간 2	그 공간에서 일하는 직업 3개 이상

학습 정리

게임 후 직업과 관련하여, 생각을 정리해 봅시다.

1. 게임 후 새로 알게 된 직업을 작성해 봅시다.

_____

_____

_____

2. 게임 후 평소의 생각과 변화 등을 글로 정리해 봅시다.

_____

_____

_____

3. 내가 하고 싶은 일을 작성하고, 그 일을 할 수 있는 다양한 공간을 기록해 봅시다.

내가 하고 싶은 일 1	일할 수 있는 공간 3개 이상
내가 하고 싶은 일 2	일할 수 있는 공간 3개 이상
내가 하고 싶은 일 3	일할 수 있는 공간 3개 이상

 **자기-동료-교사 평가**

1. 자기 평가에는 다음과 같은 내용을 떠올려 기록합니다.

• 게임 과정에서 잘했던 것	• 게임 과정에서 좋았던 것	• 내 재능을 새롭게 발견한 것
• 내용에 대해 새롭게 발견한 것	• 감동 / 재미있었던 것	• 미래에 갖고 싶은 직업
• 더 알고 싶은 것(호기심)	• 친구에게 잘 설명했던 것	• 어려움을 극복한 것(갈등 사례)

예) 나는 게임 과정에서 다른 사람의 심리를 잘 파악했다.(잘한 것 → 공감 능력, 분석력)

2. 동료 평가에는 다음과 같은 내용을 잘 관찰하여 기록합니다.

• (친구가) 잘했다고 생각하는 것	• 좋아했다고 생각하는 것	• 감동하면서 만족했던 것
• 평소와 다른 행동을 발견한 것	• 질문했던 것	• 어려움을 극복했던 것
• 협의와 타협점을 찾았던 것	• 어울릴 것 같은 직업	• 상대방에 대한 경청과 배려

3. 교사 평가는 교사가 게임 과정에서 발견한 내용을 기록합니다.

* 게임 과정에서 교사가 구체적인 역량 요소를 관찰하여 발견한 경우
* 게임 과정에서 학생이 교사에게 의미 있는 질문을 했던 것
* 교사가 정의 부분에서 칭찬할 만한 경우

게임 활동 평가

자기 평가	동료 평가	교사 평가

 평가 루브릭

가. 성취 역량 및 성취 기준

성취 역량	지식정보 처리 역량 : 다양한 직업에 대한 정보를 탐색하고 분석할 수 있음
	심미적 감성 역량 : 공간에 대한 경험을 바탕으로 진로를 선택할 수 있음
	협력적 소통 역량 : 자기의 생각과 감정을 표현하고, 타인과 생각을 교류할 수 있음
성취 기준	한 공간에 다양한 직업이 있음을 알고, 공간 속에서 직업을 탐구한다.

나. 수업에 대한 루브릭

평가 요소	채점 기준		
다양한 직업 이해	특정한 공간 속에 다양한 직업이 있음을 파악하고, 관심 분야의 다양한 직업을 구체적으로 제시함	특정한 공간 속에 다양한 직업이 있음을 파악하였으나, 다양한 직업을 바탕으로 사고하는 데 부족함	특정한 공간 속에 다양한 직업이 있음을 인식하였으나, 다양한 직업을 바탕으로 사고하는 데 어려움
	3	2	1
가치/경험을 바탕으로 진로 선택 이해	가치와 경험을 바탕으로 특정한 공간 속 직업을 탐구하고, 구체적으로 제시함	가치와 경험을 바탕으로 특정한 공간 속 직업을 제시하였으나 부족함	가치와 경험을 바탕으로 특정한 공간 속 직업을 제시하려고 노력하였으나 어려움
	3	2	1
생각/의견 표현하기	특정한 공간 속 다양한 직업에 대해, 가치와 경험을 사례로 제시하여 구체적으로 설명함	특정한 공간 속 다양한 직업에 대해, 가치와 경험을 바탕으로 설명하였으나 부족함	특정한 공간 속 다양한 직업에 대해, 가치와 경험을 바탕으로 설명하고자 노력하였으나 어려움
	4	3	2

다. 생활기록부 작성 예시

- 상 : 특정한 공간에서 일하는 다양한 직업을 탐구하고, 가치와 경험을 사례로 제시하여 구체적으로 설명함
- 중 : 특정한 공간에서 일하는 다양한 직업을 탐구하고, 경험을 바탕으로 설명함
- 하 : 특정한 공간에서 일하는 다양한 직업을 이해하고, 경험을 바탕으로 설명하고자 노력함

직업 선택의 기준이 되는 가치 게임

학습 목표

직업을 선택하는 기준이 되는 가치를 알고, 게임을 통해 가치의 경중을 판단한다.

- **지식정보 처리 역량**

  직업을 선택하는 과정에서 필요한 가치의 의미를 알 수 있다.

- **창의적 사고 역량**

  독창적인 근거를 바탕으로 직업의 가치를 수치로 나타낼 수 있다.

- **협력적 소통 역량**

  자기의 생각을 발표할 때, 타인이 이해하도록 설명할 수 있다.

준비물(활동 자료는 107쪽 참조)

게임 설명서(107쪽), 직업 가치 카드 48장(109쪽), 순위 칩(117쪽), 점수 획득칩 35개 (171쪽)

학습 절차

도입	○ 직업 선택 시 고려해야 할 기준을 탐색하고 활동지에 작성한다. ○ 직업 선택의 기준이 있을 때와 없을 때의 차이를 생각해 본다.
진행	○ 게임 목표 제시 　직업을 선택할 때, 나만의 가치 기준이 필요함을 이해할 수 있다. ○ 게임 준비 　① 4명을 한 모둠으로 구성한다. 　② '직업 가치 카드'는 더미를 만들어 테이블 한쪽에 쌓아둔다. 　③ 선 플레이어를 정한다. 　④ 선 플레이어는 진행 방향(오른쪽, 왼쪽)을 정한다. ○ 게임 진행 과정 　① 직업 가치 카드 펼치기 　- 선 플레이어는 더미에서 5개의 직업 가치 카드를 가져와 글이 보이도록 바닥에 일렬로 나열한다. 　② 가치 중요도 선정하기 　- 선 플레이어는 펼쳐진 직업 가치 카드 5개를 두고, 직업 선택에서 중요하다고 생각되는 순서로 1~5위를 마음속으로 선정한다. 　- 다른 플레이어도 자기의 기준에서 직업 선택에서 중요하다고 생각되는 가치 1~5위를 마음속으로 선정한다. 　③ 순위 칩 올리기 　- 선 플레이어는 다른 플레이어가 내가 생각한 순위를 알 수 없도록 '순위 칩'을 올린다. 　- 선 플레이어가 순위 칩을 놓은 후, 진행 방향에 따라 다음 플레이어가 순위 칩을 올린다.

진행	④ 가치 중요도 확인하기
	- 4번 플레이어부터 차례로 '순위 칩'을 열어서, 자기가 생각한 가치 중요도를 알린다.
	
	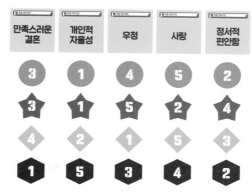
	
	- 플레이어들의 순위 칩을 바탕으로, 우리가 공통으로 중요하게 생각하는 순위를 확인한다.
	- 위의 경우, '1위는 개인적 자율성, 2위는 정서적 편안함, 3위는 만족스러운 결혼, 4위는 우정,
	  5위는 사랑'이다.
	- 1순위를 공통으로 선정한 플레이어는 '점수 획득칩'을 받는다.
	⑤ 가치 기록
	- 학습 정리에 가치를 기록한다.
	⑥ 직업 가치 카드 펼치기
	- 두 번째 플레이어가 선 플레이어가 되어 다시 진행한다.
	○승리 조건
	① 제한된 시간 동안 진행하거나, 또는 정해진 몇 바퀴를 돌거나, 더미에 카드가 소진되면 종
	  료한다.
	② 게임 종료 시 점수 획득칩을 가장 많이 획득한 사람이 승리한다.

마무리	○게임 내용 분석하기 및 공유하기 ① 게임 내용을 바탕으로 직업을 선정할 때 고려해야 할 가치를 학습 정리에 작성한다.

학습 도움말

1. 학생들이 용어에 어려움을 겪는다면

게임을 시작하기 전에 직업 가치 카드에 기록된 내용을 살펴보면서 모둠원끼리 이해되지 않는 가치에 대해 생각을 공유한다. 이때 직업 가치 카드를 책상 위에 펼쳐두고 살펴보는 방법과 카드를 더미로 만든 다음 5장씩 펼쳐서 확인하는 방법이 있다. 이때 모두 펼쳐두면 시간을 단축할 수 있고, 더미로 만들면 자세히 살펴볼 수 있다.

2. 게임 중에 발생하는 오류에 대해

사전 학습을 했다고 하더라도 직업 가치 카드에 적힌 단어를 잘못 이해하고 순위를 정하는 친구들도 있다. 이러한 경우를 방지하기 위해, 게임 도중 가치를 나타내는 단어가 직업에서 어떤 뜻인지 생각나지 않는다면, '친구 찬스' 등 몇 가지 규칙을 첨가하여 게임을 진행해도 좋다. '친구 찬스'의 경우 별도의 카드 없이 '친구 찬스'를 외치면 된다. 이때 다른 플레이어들은 그 단어가 직업에서 어떤 의미인지를 설명해 준다.

3. 학습 효과를 극대화하려면

현재 제시된 수업 모형은 교육을 먼저 진행한 후 게임을 하고 마무리하도록 구성되어 있다. 하지만 반대로 먼저 게임을 통해 가치에 관심을 가지게 한 후, 게임에서 나온 가치와 관련하여 직업을 탐색하거나 그와 관련된 사례를 나누는 수업으로 진행해도 좋다.

다음 질문에 답해 봅시다.

1. 직업을 선택할 때 중요하게 생각해야 할 것들을 작성해 봅시다.

직업을 선택할 때 고민해야 할 기준	그렇게 생각하는 이유
1.	
2.	
3.	

2. 직업을 선택하는 기준이 있을 때와 그렇지 않을 때 어떤 차이가 있을지 작성해 봅시다.

학습 정리

게임 결과를 작성해 봅시다.

1. 우리가 선택한 순위를 작성해 봅시다.

게임 수	1순위	2순위	3순위	4순위	5순위
1.					
2.					
3.					
4.					
5.					
6.					
7.					
8.					

2. 나는 어떤 가치를 중요하게 생각하고 있는지 기록해 봅시다.

1순위	2순위	3순위	4순위	5순위

6순위	7순위	8순위	9순위	10순위

3. 게임을 통해 알게 된 것, 생각의 변화를 기록해 봅시다.

_____

_____

 **자기-동료-교사 평가**

1. 자기 평가에는 다음과 같은 내용을 떠올려 기록합니다.

• 게임 과정에서 잘했던 것	• 게임 과정에서 좋았던 것	• 내 재능을 새롭게 발견한 것
• 내용에 대해 새롭게 발견한 것	• 감동/재미있었던 것	• 미래에 갖고 싶은 직업
• 더 알고 싶은 것(호기심)	• 친구에게 잘 설명했던 것	• 어려움을 극복한 것(갈등 사례)

예) 나는 게임 과정에서 다른 사람의 심리를 잘 파악했다.(잘한 것 → 공감 능력, 분석력)

2. 동료 평가에는 다음과 같은 내용을 잘 관찰하여 기록합니다.

• (친구가) 잘했다고 생각하는 것	• 좋아했다고 생각하는 것	• 감동하면서 만족했던 것
• 평소와 다른 행동을 발견한 것	• 질문했던 것	• 어려움을 극복했던 것
• 협의와 타협점을 찾았던 것	• 어울릴 것 같은 직업	• 상대방에 대한 경청과 배려

3. 교사 평가는 교사가 게임 과정에서 발견한 내용을 기록합니다.

• 게임 과정에서 교사가 구체적인 역량 요소를 관찰하여 발견한 경우 • 게임 과정에서 학생이 교사에게 의미 있는 질문을 했던 것 • 교사가 정의 부분에서 칭찬할 만한 경우

게임 활동 평가

자기 평가	동료 평가	교사 평가

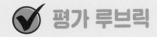 **평가 루브릭**

가. 성취 역량 및 성취 기준

성취 역량	지식정보 처리 역량 : 직업을 선택하는 과정에서 필요한 가치의 의미를 알 수 있음
	창의적 사고 역량 : 독창적인 근거를 바탕으로 직업의 가치를 수치로 나타낼 수 있음
	협력적 소통 역량 : 게임 과정에서 전달하고자 하는 바를 상대에게 말할 수 있음
성취 기준	직업을 선택하는 기준이 되는 가치가 있음을 알고, 자기가 중요하게 생각하는 가치를 탐구한다.

나. 수업에 대한 루브릭

평가 요소	채점 기준		
직업 가치의 이해	직업 선택에서 가치가 적용됨을 이해하고, 직업 가치를 중요한 순서로 수치화하였음	직업 선택에서 가치가 적용됨을 알고, 직업 가치를 수치화하는 데 부족함	직업 선택에서 가치가 적용됨을 알았으나, 수치로 나타내는 데 어려움
	3	2	1
직업 가치 선택을 위한 개인 가치 이해	개인의 가치가 직업 가치에 영향을 미침을 이해하고, 가치의 중요도를 탐구하고 수치화하였음	개인의 가치가 직업 가치에 영향을 미침을 알고, 수치화하는 데 부족함	개인의 가치가 직업 가치에 영향을 미침을 알고, 수치로 나타내는 데 어려움
	3	2	1
협력적 소통하기	직업 가치 게임의 과정에서 협력적 소통의 중요성을 이해하고, 구체적으로 설명함	직업 가치 게임의 과정에서 협력적 소통의 중요성을 설명하는 데 부족함	직업 가치 게임의 과정에서 소통하는 데 어려움이 있음
	4	3	2

다. 생활기록부 작성 예시

- 상 : 개인의 가치가 직업 선택에 영향을 미침을 이해하고, 자기의 가치를 바탕으로 직업에 필요한 가치를 탐구하고, 구체적으로 설명하였음
- 중 : 직업 선택이 가치를 바탕으로 이루어짐을 이해하고, 직업 가치를 수치로 나타냄
- 하 : 직업 선택이 가치를 바탕으로 이루어짐을 이해하고, 직업 가치를 수치로 나타내고자 노력함

메타버스 공무원 성장기 게임

학습 목표

다양한 공무원의 종류 및 특징에 대해 이해하고 설명할 수 있다.

- **자기관리 역량**

  자신의 삶과 진로에 필요한 기초 능력과 자질을 파악할 수 있다.

- **지식정보 처리 역량**

  공무원에 대한 다양한 정보를 수집, 분석, 활용할 수 있다.

- **협력적 소통 역량**

  게임 과정에서 자신의 생각과 감정을 효과적으로 표현하고 다른 사람의 의견을 경청할 수 있다.

준비물 (활동 자료는 119쪽 참조)

게임 설명서(119쪽), 게임판(121쪽), 게임 말 5개(125쪽), 공무원임용 카드 64장(127쪽),

공무원 직제표 1개(143쪽), 진로탐색 카드 16장(145쪽), 주사위 3개(151쪽), 나의 직위 및 직급 변동표 1개(153쪽), 공무원 직급과 직위 작성표 1개(155쪽)

학습 절차

도입	○ 국민을 위해서 봉사하는 다양한 국가기관에 대해 탐색한다. ○ 다양한 국가기관에서 일하는 공무원에 대해 함께 찾아본다. - 검색해 보기(인사혁신처 누리집, 각종 정부기관 누리집)
진행	○ 게임 목표 제시 　국가기관에서 일하는 다양한 공무원에 대해 알 수 있다. ○ 게임 준비 　① 가운데 게임판을 펼쳐둔다. 　② 공무원임용 카드 더미에서 1장을 선택한다. 　 - 선택한 카드에 따라 해당 직위와 직급으로 게임이 시작된다. 　 - 선택된 직위과 직급을 나의 직위 및 직급 상황판에 기록한다. 　 - 시험낙방 카드를 뽑은 경우 다음 자기 차례에 다시 카드를 뽑는다. 　③ 자기 차례가 되면 주사위를 던져서 게임 말을 이동한다. 　 - 직위와 직급의 선택 및 변동 시 공무원 직제표를 참고한다. 　④ 승진기회칸에 도착하면 ○, × 주사위를 던져서 승진 여부를 판단한다. 　　　○가 나오면 1단계 승진, ×가 나오면 승진 실패이다. 　⑤ 복무상황칸에 도착하면 복무상황 카드 더미에서 1장을 펼쳐서 지시에 따른다. 　 - 직위 변동과 관련된 다양한 이벤트들이 나타나면 해당 지시에 따른다. 　　예) 적극적 행정으로 특별 승진 기회 획득 　⑥ 출마기회칸에 도착하면 선출직 공무원에 도전할 수 있다. 　 - 단, 선출직 공무원에 출마 시 현재의 직위와 직급은 포기해야 한다. 　 - 선출직 공무원 주사위를 던져서 어떤 직에 도전할지 먼저 결정한다. 　 - 직위가 결정되면 ○, × 주사위를 던져서 당락을 결정한다. 　 - 당선 시 해당 직위로 변경하고 특별한 지시가 있을 때까지 직을 유지한다. 　 - 낙선(실패) 시 무직이 되며, 자기 차례에 다시 공무원 임용 카드를 뽑는다. 　 - 선출직 공무원은 특별한 지시(복무상황 카드)가 없는 경우 일반적인 　　전직과 승진은 불가능하다. 　⑦ 진로탐색칸에 도착하면 진로탐색 카드를 1장 뽑아서 함께 읽는다. 　⑧ 인사교류칸에 도착하면 선출직을 제외한 직위에 있는 플레이어는 원하는 다른 직위의 동 　　일한 직급으로 이동할 수 있다.

진행	○ 승리 조건 ① 플레이어 중 1명이 대통령에 당선되거나 정해진 시간이 지나면 게임을 종료한다. ② 게임 종료 시 가장 높은 직급에 있는 플레이어가 승리한다. - 동일한 직급인 경우 그 직위 및 직급을 더 오래 유지한 사람이 승리한다.
마무리	○ 게임 내용 분석하기 및 공유하기 ① 게임 내용을 분석해서 국가기관에서 일하는 사람들에 대해 말해 본다. ② 공무원이 되는 방법과 직급을 높이는 방법에 대해 설명해 본다.

학습 도움말

1. 게임 활용 시점

사회교과의 '국가기관 공부하기' 또는 진로 분야의 공무원 관련 직업교육 전에 게임을 진행할 경우 학습할 내용에 대해 미리 살펴보는 비계 역할을 할 수 있다. 학습 이후 게임을 활용할 경우 학습한 내용을 정리하고 배운 내용을 삶과 연결하는 기회를 제공할 수 있다.

2. 게임 카드 살펴보기

복무상황 카드에는 공무원의 채용, 승진, 전보, 파견, 휴직, 해임, 파면 등 공무원 임용과 관련된 내용이 포함되어 있으며 공무원이 경험할 수 있는 다양한 직위 및 직급 변화에 대한 현황들이 제시되어 있다. 학생들이 공무원이 겪게 되는 다양한 상황을 간접 경험함으로써 공무원의 생활에 대해 호기심을 가질 수 있는 기회를 제공한다.

3. 게임 규칙 해설

게임 중에 대통령을 비롯해 선출직 공무원이 되어볼 수도 있다. 다만 선출직 공무원은 승진기회칸에 도달하더라도 승진 기회를 가질 수 없으며 인사교류칸에서도 다른 직으로 전직이 불가능하다. 복무상황 카드를 통해 특별히 국회의원에서 장관으로 겸직은 가능하며 국회의원은 국회의장에 선출되는 카드를 통해 직위가 높아질 수 있다.

4. 진로탐색 카드 추가하기

사전 탐색 과정에서 공무원과 관련된 다양한 정보를 학생들이 직접 조사하고 진로탐색 카드를 제작할 수 있다. 이때 기존의 진로탐색 카드에 추가하여 게임을 진행함으로써 개별 학생들이 조사한 내용을 게임 중에 함께 공유할 수 있다.

5. 학습 효과를 극대화하려면

학생들이 게임에만 몰입하다 보면 단순히 직위 및 직급의 이동만을 생각할 수 있다. 게임 속에 나타난 다양한 직위와 직급에 대해 구체적으로 알아보고 진로탐색 카드 및 복무상황 카드 등의 내용에 대한 정보를 인사혁신처 누리집을 통해 구체적으로 살펴볼 수 있도록 안내한다.

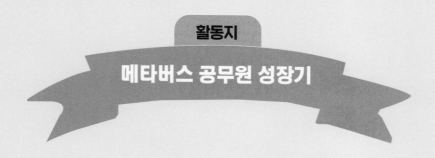

활동지

메타버스 공무원 성장기

국가 공무원이 되는 방법에는 어떤 것이 있는지 제시해 보자.

게임에서 발견한 다양한 공무원을 제시해 보자.

예시) 외교 서기관			

게임에서 소개되지 않은 공무원을 찾아서 제시해 보자.

예시) 소방관			

 **학습 정리**

공무원에 대한 인터뷰에 도전해 봅시다.

공무원 인터뷰 프로젝트

인터뷰 일시	년 월 일

1) 인터뷰 대상자의 이름 :

2) 대상자의 직위 및 직급 :

3) 대상자의 근무 장소 :

4) 대상자의 나이 및 근무 연수 :

5) 성별 :

6) 약속 장소 :

7) 약속 시간 :

8) 우리의 역할 분담

질문자		기록자	
관찰자		카메라	

9) 준비물

10) 질문

① 예시) 왜 공무원이 되셨나요? 공무원이 된 특별한 이유가 있나요?

② 예시) 어떻게 ○○ 공무원이 되셨나요?

③ 예시) ○○ 공무원은 주로 어떤 일을 하나요? 우리가 모르는 어떤 일도 하시나요?

④ 예시) ○○ 공무원으로서 언제 가장 큰 보람을 느끼시나요?

⑤ 예시) ○○ 공무원으로서 가장 큰 어려움은 무엇인가요?

⑥

⑦

⑧

 **자기-동료-교사 평가**

1. 자기 평가에는 다음과 같은 내용을 떠올려 기록합니다.

• 게임 과정에서 잘했던 것	• 게임 과정에서 좋았던 것	• 내 재능을 새롭게 발견한 것
• 내용에 대해 새롭게 발견한 것	• 감동/재미있었던 것	• 미래에 갖고 싶은 직업
• 더 알고 싶은 것(호기심)	• 친구에게 잘 설명했던 것	• 어려움을 극복한 것(갈등 사례)

예) 나는 게임 과정에서 다른 사람의 심리를 잘 파악했다.(잘한 것 → 공감 능력, 분석력)

2. 동료 평가에는 다음과 같은 내용을 잘 관찰하여 기록합니다.

• (친구가) 잘했다고 생각하는 것	• 좋아했다고 생각하는 것	• 감동하면서 만족했던 것
• 평소와 다른 행동을 발견한 것	• 질문했던 것	• 어려움을 극복했던 것
• 협의와 타협점을 찾았던 것	• 어울릴 것 같은 직업	• 상대방에 대한 경청과 배려

3. 교사 평가는 교사가 게임 과정에서 발견한 내용을 기록합니다.

- • 게임 과정에서 교사가 구체적인 역량 요소를 관찰하여 발견한 경우
- • 게임 과정에서 학생이 교사에게 의미 있는 질문을 했던 것
- • 교사가 정의 부분에서 칭찬할 만한 경우

게임 활동 평가

자기 평가	동료 평가	교사 평가

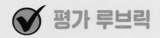 **평가 루브릭**

아래 내용을 참고하여 이 주제의 학습 활동에 대한 소감문을 작성해 봅시다.

활동 주제		학번	
활동 일시		성명	

◎ 아래 항목 중 3~4개 정도를 선택하여 활동 소감문을 자유롭게 작성하세요.
- 나는 이 주제 활동에서 (   ) 역할을 수행했습니다.
- 나는 이 주제 활동에서 (   )에 관한 질문을 했습니다.
- 나는 이 주제 활동에서 (   ) 에 대해 배웠습니다.
- 나는 이 주제 활동 이후 (   )에 대해 더 알고 싶습니다.
- 나는 이 주제 활동에서 (   )이(가) 가장 재미있었습니다.
- 나는 이 주제 활동에서 (   )이(가) 어려워서 도움이 필요했습니다.
- 이 주제 활동에서 나에게 가장 중요한 것은 (   )이었습니다.
- 나는 이 주제 활동에서 (   )을(를) 새롭게 발견했습니다.

활동에 대한 평가

평가 요소	채점 기준		
인터뷰 계획 및 절차	인터뷰 계획(질문, 역할 등)이 체계적이고, 절차상 준비에 부족함이 없음	인터뷰 계획(질문, 역할 등)은 체계적이지만 절차상 미흡한 요소가 있음	인터뷰 계획이 체계적이지 못하고 절차상 미흡한 요소가 많음
	10	6	2
공무원의 특징 파악	인터뷰를 통해 공무원의 특징 및 역할에 대해 구체적으로 파악함	인터뷰를 통해 공무원의 특징 및 역할에 대해 대략적으로 파악함	인터뷰를 통해 공무원의 특징 및 역할을 제대로 파악하지 못함
	10	6	2

4차 산업 시대의 창업/창직 게임

학습 목표

다양한 직업에 필요한 역량을 이해하고, 자기가 원하는 직업에 필요한 역량을 설명할 수 있다.

- **지식정보 처리 역량**

  창업과 창직을 이해하고, 정보를 수집할 수 있다.

- **자기관리 역량**

  내가 하고 싶은 일을 하기 위해 갖춰야 할 역량을 파악할 수 있다.

- **협력적 소통 역량**

  게임 과정에서 자기의 생각과 감정을 효과적으로 표현하고 다른 사람의 의견을 경청할 수 있다.

준비물(활동 자료는 157쪽 참조)

게임 설명서(157쪽), 업무 수행 능력 카드 56장(159쪽), 순위 칩 25개(169쪽), 점수 획득
칩 35개(171쪽)

학습 절차

도입	○ 창업과 창직의 차이를 묻는다. ○ 창업과 창직의 개념에 대해 탐색한다. ○ 미래에 유망한 직업을 조사하고, 우리가 28세가 되었을 때 창업 또는 창직을 한다고 가정하고, 어떤 회사 또는 일을 하게 될지 생각해 본다. ○ '지피지기 백전백승 창업/창직' 활동지를 통해 나는 어떤 사람인지 생각한다.
진행	○ 게임 목표 제시 　다양한 직업에서 필요로 하는 역량을 안다. ○ 게임 준비 　① 4~5명을 한 모둠으로 구성한다. 　② 게임 설명서를 나눠주고 게임 방법을 안내한다. 　③ 역량 카드를 더미로 만든다. ○ 게임 진행 과정 　① 선 플레이어는 더미의 역량 카드를 위에서부터 5장을 뒤집고 일렬로 나열한다. 　② 순위 칩을 이용하여 게임을 한다. 　- 선 플레이어는 '미래에 창업/창직을 위해 우리가 갖춰야 할 역량'의 순위를 다른 플레이어가 알 수 없도록 무작위로 순위 칩을 놓는다.  　- 둘째 플레이어부터 자기의 생각을 중심으로 우선순위를 정하고, 모두가 숫자를 보지 못하도록 카드 아래에 '순위 칩'을 올려놓는다.

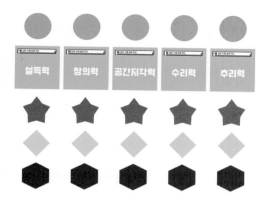

③ 숫자 칩을 확인한다.

- 카드를 기준으로 가장 아래에 '순위 칩'을 놓은 플레이어부터 '1순위를 선택한 이유'를 간단히 설명하며 자신의 순위를 펼친다.

- 카드 아래에 '순위 칩'을 놓은 플레이어가 모두 펼치면, 진행자 플레이어가 '전체 순위를 선택한 이유'를 설명하며 자신의 순위를 펼친다.

진행	④ 점수를 확인한다. - 1순위가 가장 많이 나온 역량 카드를 확인한다. - 그 역량 카드를 선택한 플레이어를 확인하고, 점수 획득 칩을 하나씩 지급한다. ⑤ 둘째 플레이어가 선 플레이어가 되어 역량 카드 5장을 펼친다. ○ 승리 조건 ① 역량 카드가 모두 소진될 때까지 플레이하거나 제한된 시간 동안 게임을 한다. ② 게임 종료 시 점수 획득칩을 가장 많이 모은 사람이 승리한다. ③ 가장 많은 친구가 선택한 수를 바탕으로 단어의 순위를 정한다. - 위의 경우 1이 2개 있는 창의력이 가장 높은 1순위가 된다. - 가장 높은 단어에 1을 놓은 두 친구가 점수 획득칩을 1개씩 가져가고, 1순위 단어를 기록한다. - 3명이 동시에 선택했다면, 3명이 점수 획득칩을 1개씩 가져간다. - 점수 획득칩을 가장 많이 획득한 사람이 승리한다.
마무리	○ 게임 내용 분석하기 및 공유하기 ① 나를 기준으로 학습 정리(지피지기 백전백승을 위한 역량 6가지)를 작성한다. ② 창업과 창직을 위해 자기가 갖춰야 할 역량에 대해 생각해 본다.

학습 도움말

1. 게임의 목적

직업마다 다양한 역량을 요구한다는 것을 이해하고, 나는 어느 정도의 역량을 갖추고 있는지를 생각한다. 직업에 따라 특정한 역량이 필요하지만, 보편적으로 갖춰야 할 역량이 있다. 그러한 역량을 인식하는 것이 목적이다.

2. 역량 중요도로 연결하는 창업/창직 진로

직업 선택에서는 가치 등을 고려하기도 하지만, 자신이 가진 역량을 바탕으로 선택하기도 한다. 같은 역량이라도 학생마다 중요도가 다르다. 내가 중요하게 생각한 것들을 나의 진로 선택 과정에서 참고하면 좋다.

3. 게임 규칙 변형

'직업 옆에 직업'에서 사용한 '직업 공간 카드'를 함께 이용하여 게임할 수 있다. 5장의 역량 카드를 열기 전에 '직업 공간 카드' 1장을 먼저 연 후에 역량 카드를 연다. 그리고 역량의 기준을 공간 안에서 필요한 역량으로 생각하면 된다.

4. 창업과 창직을 위한 학습 정리

새로운 것을 시작하는 데 더 많은 준비와 노력이 필요하다. 학습 정리에 제시된 6가지는 보편적으로 갖춰야 할 능력을 말한다. 학생들이 각각의 질문에 대해 게임에서 보았던 역량 카드나 친구들과 나누었던 대화를 바탕으로 작성하도록 지도한다.

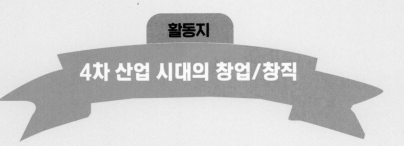

활동지

4차 산업 시대의 창업/창직

다음 질문에 답해 봅시다.

1. 창업이란 무엇일까요?

_____

_____

2. 창직이란 무엇일까요?

_____

_____

○ 미래에 어떤 것을 창업/창직해야 직업이 사라지지 않을까요?

_____

_____

_____

_____

_____

지피지기 백전백승 창업/창직

나는 어떤 사람인지, 다음 질문에 답해 봅시다.

1단계 나는 어떤 것에 가장 관심이 많은가? - 뉴스, 정보 검색 등의 경험을 통해 가장 관심 있는 것을 작성함	
2단계 나는 어떤 능력을 갖춘 사람인가? - 특별하지 않지만, 타인보다 조금 더 나은 것을 작성함	
3단계 나를 움직이게 하는 힘을 경험한 적이 있는가? - 변화나 발전을 생각하게 한 동기를 작성함	
4단계 내가 중요하게 생각하는 가치와 이상은 무엇인가? - 윤리, 인생 가치, 직업 가치 등을 작성함	
5단계 내가 무엇을 했을 때 가장 행복했는가? - 기쁨, 보람 등 긍정적 측면에서 작성함	
6단계 나는 어떤 일에 가장 열정을 느끼는가? - 시간이 쏜살같이 흘러간, 직업과 연계할 수 있는 것을 작성함	

학습 정리

나는 어떤 사람인지, 다음 질문에 답해 봅시다.

지피지기 백전백승을 위한 6가지 능력

도전 정신 보고 싶은 것만 보는 선입견이나 부정적 꼬리표를 떼어야 도전할 수 있다. - 도전정신을 위해 갖춰야 할 능력을 작성함	
의사소통 타인에게 자기의 생각을 효과적으로 표현하고 설득할 힘이 있어야 한다. - 의사소통을 위해 갖춰야 할 능력을 작성함	
긍정의 힘 사물을 긍정적으로 바라보려는 태도와 마음가짐이 있어야 한다. - 긍정적인 태도와 마음을 위해 갖춰야 할 능력을 작성함	
보람과 가치 일로 인생을 실현하고, 보람을 느낄 사회활동을 하는 것이 좋다. - 보람과 가치를 위해 해야 할 것을 작성함	
자존감 자신을 있는 그대로 사랑하는 마음을 가진다. - 자존감을 높이기 위해 갖춰야 할 것을 작성함	
문제 해결력 문제를 바로 인식하고, 스스로 움직이는 능력이 필요하다. - 스스로 문제를 해결하기 위해 갖춰야 할 것을 작성함	

 자기-동료-교사 평가

1. 자기 평가에는 다음과 같은 내용을 떠올려 기록합니다.

• 게임 과정에서 잘했던 것	• 게임 과정에서 좋았던 것	• 내 재능을 새롭게 발견한 것
• 내용에 대해 새롭게 발견한 것	• 감동/재미있었던 것	• 미래에 갖고 싶은 직업
• 더 알고 싶은 것(호기심)	• 친구에게 잘 설명했던 것	• 어려움을 극복한 것(갈등 사례)

예) 나는 게임 과정에서 다른 사람의 심리를 잘 파악했다.(잘한 것 → 공감 능력, 분석력)

2. 동료 평가에는 다음과 같은 내용을 잘 관찰하여 기록합니다.

• (친구가) 잘했다고 생각하는 것	• 좋아했다고 생각하는 것	• 감동하면서 만족했던 것
• 평소와 다른 행동을 발견한 것	• 질문했던 것	• 어려움을 극복했던 것
• 협의와 타협점을 찾았던 것	• 어울릴 것 같은 직업	• 상대방에 대한 경청과 배려

3. 교사 평가는 교사가 게임 과정에서 발견한 내용을 기록합니다.

- 게임 과정에서 교사가 구체적인 역량 요소를 관찰하여 발견한 경우
- 게임 과정에서 학생이 교사에게 의미 있는 질문을 했던 것
- 교사가 정의 부분에서 칭찬할 만한 경우

게임 활동 평가

자기 평가	동료 평가	교사 평가

 평가 루브릭

가. 성취 역량 및 성취 기준

성취 역량	지식정보 처리 역량 : 창업과 창직을 이해하고, 정보를 수집할 수 있음.
	자기관리 역량 : 내가 하고 싶은 일을 하기 위해 갖춰야 할 역량을 파악할 수 있음.
	협력적 소통 역량 : 게임 과정에서 자기의 생각과 감정을 효과적으로 표현하고, 다른 사람의 의견을 경청할 수 있음.
성취 기준	창업/창직 활동을 통해 직업에 다양한 역량이 필요함을 알고, 자기가 원하는 직업에서 갖춰야 할 역량을 탐구한다.

나. 수업에 대한 루브릭

평가 요소	채점 기준		
창업/창직 이해	창업/창직의 개념을 이해하고, 변화하는 사회를 바탕으로 미래의 창업/창직을 탐구하였음	창업/창직의 개념을 바탕으로 미래의 창업/창직을 탐구하였으나, 변화하는 시대를 반영하는 데 부족함	창업/창직의 개념을 알고 있으나, 미래의 창업/창직을 탐구하는 데 어려움
	3	2	1
직업 역량 이해	직업에 다양한 역량이 쓰임을 알고, 역량의 중요도를 평가하고 설명하였음	직업에 다양한 역량이 쓰임을 알고 있으나, 역량의 중요도를 평가하고 소통하는 데 부족함	직업에 다양한 역량이 쓰임을 알았으나, 역량의 중요도를 설명하는 데 어려움
	3	2	1
내가 갖춰야 할 역량 이해	미래 사회의 창업/창직에서 필요한 역량을 바탕으로, 내가 갖춰야 할 역량을 이해하고 표현할 수 있음	미래 사회의 창업/창직에서 필요한 역량은 이해하였으나, 내가 갖춰야 할 역량에 대해 생각하는 데 부족함	미래 사회의 창업/창직에서 필요한 역량은 알았으나, 내가 갖춰야 할 역량에 대해 생각하는 데 어려움
	4	3	2

다. 생활기록부 작성 예시

- 상 : 창업/창직의 개념을 잘 이해하고, 변화하는 사회를 바탕으로 미래의 창업/창직을 제시하였으며, 직업에 필요한 역량을 이해하고, 자신이 갖춰야 할 역량을 이해함
- 중 : 창업/창직의 개념을 이해하였으나, 창업/창직과 역량 이해에 부족함이 있음
- 하 : 창업/창직의 개념을 익혔으나, 창업/창직과 역량 이해에 어려움이 있음

활동 자료

게임 준비(모둠별)

1. 세팅
4~5명이 한 모둠이 되도록 구성한다.

2. 시작
1) 선 플레이어를 정한다. 선 플레이어는 진행 방향을 정한다.
2) 선 플레이어는 전체 카드를 잘 섞은 후 팀원 1인에 7장씩 나눠주고, 남은 것은 가운데 더미로 쌓는다.

게임 진행

3. 게임(4~5인 기준)
1) 선 플레이어는 '직업 공간 카드' 한 장을 열고 외친다.
2) 손에 들고 있는 카드 가운데 그 공간에 있는 직업 또는 그 공간에 있을 것 같은 직업 카드를 내려놓는다. 그 카드를 내려놓은 이유를 설명(카드의 '하는 일'을 참고하여 말함)하고, 다른 플레이어들의 '인정' 판정을 기다린다.
3) 인정 판정을 받으면, 내려놓은 직업 카드는 더미 밑으로 넣는다.
   인정 판정을 받지 못하면, 내려놓은 직업 카드는 다시 가져가고, 더미 맨 위의 카드 1장을 더 가져간다.
4) 진행 방향에 따라 다음 플레이어가 카드를 내고 이유를 말한 후, 판정을 기다린다.
5) 내 차례가 되었을 때, 내 손에 든 카드에서 낼 것이 없다면, 더미 위에 있는 카드 1장을 가져오고, '직업 공간 카드'를 새로 열고 모두가 들을 수 있게 외친다.
6) 이와 같은 방법으로 돌아가면서 게임을 한다.
7) 시간 제한을 두거나, 몇 바퀴를 돌거나, 더미의 카드가 모두 소진되면 게임을 끝낸다.

게임 결과

4. 승리 조건
손에 들고 있던 카드를 가장 빨리 내려놓은 사람이 승리한다.

학교

교육센터

종합시장

종합운동장

종합병원

방송국

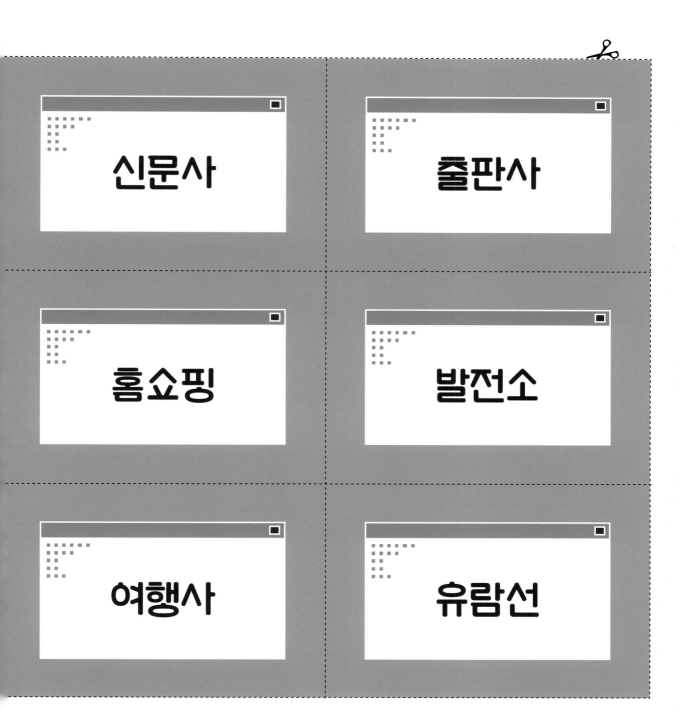

신문사

출판사

홈쇼핑

발전소

여행사

유람선

호텔

공연장

박물관

미술관

도서관

우체국

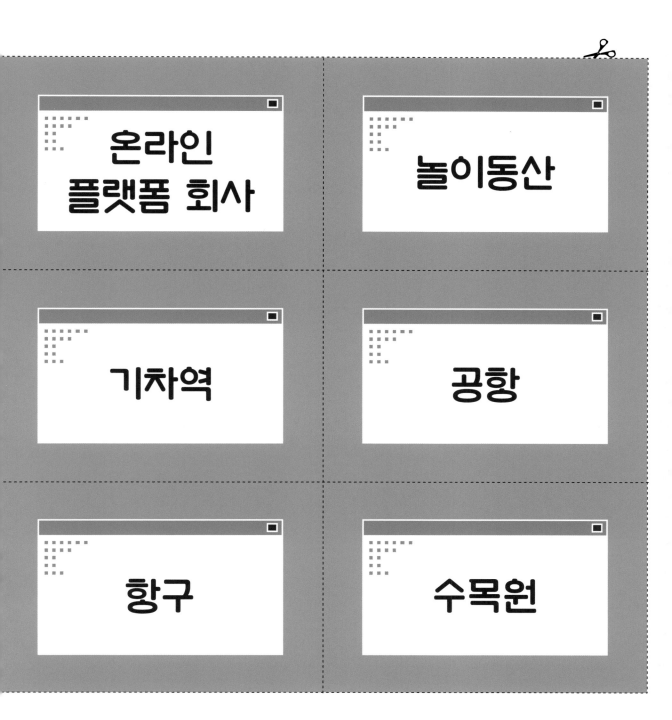

온라인
플랫폼 회사

놀이동산

기차역

공항

항구

수목원

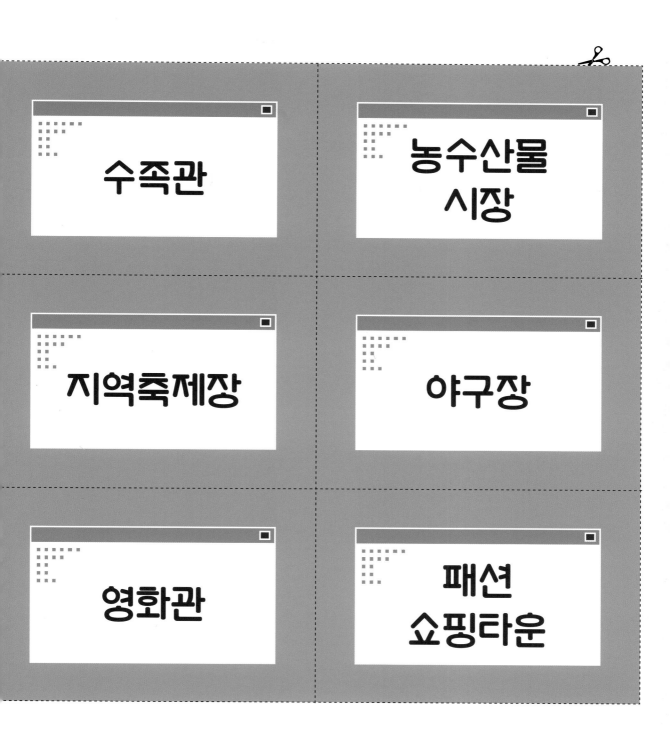

수족관

농수산물 시장

지역축제장

야구장

영화관

패션 쇼핑타운

가전회사

건설회사

증권회사

자동차회사

과학관

법원

은행

국회

구조현장

게임 회사

로봇
제조회사

유치원

건축가

건축의 구조 설계, 시공과 관련된 공사 감리 등 건축에 관한 관리와 감독을 한다.

경영 컨설턴트

기업의 경영 전반에 대한 문제점 분석과 해결책 제시 및 상담과 자문 업무를 한다.

경찰관

사회 안정과 공공질서를 유지하고 국민의 안전과 재산을 위협하는 범법을 막는다.

공연기획자

공연을 하기 위해 작품 선정, 홍보, 마케팅, 공연 결과 평가 등 전체를 기획하고 추진한다.

교사

일정한 자격을 갖춘 후 유치원 및 초·중고등학교에서 학생을 가르친다.

기자

각종 사건 사고, 정치, 문화 소식 등을 방송, 신문, 인터넷 매체를 통해 제공한다.

농부	도시계획가
논과 밭에 곡식이나 과 채류의 씨나 모종을 심 고 기르고 수확하는 일 을 한다.	신도시와 기존 도시 등 국토 및 도시의 공간구 조, 토지이용, 도시개발 등 개발 업무를 한다.

디자이너	목수
상업, 공업 등 다양한 분 야에서 디자인을 연구 하고 개발하는 일을 담 당한다.	나무를 자르고 마름질하 여 집의 기둥, 창문살, 마 루 등을 짜는 일을 한다.

물리치료사	미용사
의사의 처방에 따라 운 동, 전기 등 물리적인 수 단으로 신체기능장애 환자를 회복시키는 일 을 한다.	가위 등 미용기구를 사 용하여 고객의 외모를 아름답게 가꾸는 일을 한다.

배우

영화, 연극, 드라마의 등 장인물로 출연해 감독의 지시와 대본에 따라 연기를 한다.

변리사

새로운 기술, 발명, 디자인, 상표 등 권리 보호를 위해 상담, 지원, 특허 취득 등의 업무를 대행한다.

변호사

법정에서 사건을 변론하고 조언하며 다양한 법률 서비스를 제공한다.

보험계리사

보험상품을 개발하고 보험료 및 보상 지급금을 계산한다.

사회복지사

사회적, 개인적 어려움을 겪는 이들의 문제를 진단하고 해결을 돕는 업무를 한다.

상담 전문가

심리검사, 상담 프로그램을 활용해 문제 해결을 돕는다.

생명과학연구원

생물학, 의약, 식품, 농업 등 생명과학을 연구하고 탐구한다.

소방관

화재를 예방 또는 진압하고, 각종 재난에서 인명을 구조하고 안전사고를 수습한다.

수의사

동물의 질병과 상해를 예방, 진단, 치료하고, 관련 연구와 자문 업무를 수행한다.

생명정보학자

생물학 관련 데이터를 컴퓨터로 정리, 분석, 이용하는 방법을 연구한다.

소프트웨어 개발자

컴퓨터 하드웨어 시스템의 동작, 제어 및 관리를 위한 소프트웨어를 개발한다.

스포츠 트레이너

운동선수들이 경기에서 최상의 운동 능력을 발휘하도록 신체 상태를 점검하고 훈련시킨다.

여행상품 개발자

여행상품을 기획 및 개발하고, 고객과의 상담 업무를 수행한다.

영양사

균형 잡힌 음식물을 공급하기 위해 식단을 계획하고, 조리, 공급을 감독한다.

영업사원

특정 제품 제조회사의 직영점/대리점에 고용돼 제품 판매를 위한 영업활동을 한다.

에너지 연구자

발전의 기계장치, 발전기 및 발전 안정화 장치 등을 연구하고 개발한다.

웹마스터

인터넷 사이트 게시판 관리나 사이트상에 발생한 문제들을 해결하는 일을 한다.

운동선수

농구, 축구 등 다양한 종목에 선수로 등록되어 기술을 습득하고 전문적인 훈련을 한다.

웃음치료사

웃음으로 사람의 마음을 즐겁게 하여 건강해지도록 돕는 일을 한다.

유튜버

인터넷 무료 동영상 공유 사이트 유튜브에서 활동하며 개인이 영상을 만들어 올린다.

은행원

은행에서 고객이 맡긴 돈을 관리하고, 예금, 출금 및 금융상품을 안내한다.

음향기사

영화 또는 방송 드라마를 제작하기 위해 음향 장비와 녹음 장비를 조작한다.

의료관광 코디네이터

의료시설과 더불어 시술 분야에 맞는 적절한 관광 서비스를 제공한다.

의사

의료 지식 및 기술을 활용하여 질병 및 장애가 있는 사람을 치료한다.

임업 기술자

삼림에서 목재나 연료로 쓰일 나무를 벌채하고 목재를 생산하는 일을 한다.

작가

시, 소설, 수필, 동화 등의 문학작품과 방송·영화 등 시나리오를 창작한다.

제품 개발자

특정 제품에 관해 연구하고 개선하거나, 새로운 제품을 개발하는 일을 한다.

조리사

호텔, 레스토랑, 식당에서 한식, 중식, 일식 등의 음식을 조리하는 일을 한다.

천문 및 기상 연구원

천체·지구 대기의 특성 및 요인 관찰, 해석, 결과를 항해, 기상예보 등에 실제 적용한다.

항공관제사

항공기의 운항을 통제하고 안전을 위해 이착륙 순서를 배정한다.

항공기 조종사

항공운송 및 기타 서비스를 제공하기 위해 항공기, 헬리콥터 등을 조종한다.

해양학자

바다 기후, 환경, 해양생물자원, 해저환경 등 해양 전반에 관련한 연구를 담당한다.

화가

풍경화, 인물화, 정물화, 추상화 등 예술작품을 창작한다.

환경미화원

국민의 위생을 위하여 거리를 청소하고 배출한 쓰레기를 처리하는 일을 한다.

빅데이터 전문가

여러 가지 다양한 데이터를 수집하고 분석하여, 필요한 정보를 도출한다.

머신러닝 전문가

인공지능을 연구하여 설계하고, 인공지능 시스템을 유지 및 개선한다.

네트워크 프로그래머

네트워크 성능을 모니터링하고, 컨트롤, 진단, 측정하여 시스템을 계획 및 설계한다.

로봇 공학자

로봇을 연구하고 개발하는 일과 로봇을 제작하는 일을 한다.

소셜미디어 전문가

기업의 SNS 계정을 운영함으로써 기업의 존재감을 생성하고 유지하는 일을 한다.

프롬프트 엔지니어

챗봇 등과 같은 인공지능 기술을 이용하여 대화형 서비스를 구현하는 일을 한다.

데이터 분석가

사용자의 요구에 따라 데이터를 전환하는 일을 지원하며, 데이터베이스 교육을 한다.

간호사

환자의 상태를 점검, 기록하고, 환자나 가족에게 치료·예방에 관한 설명을 한다.

정보보안 분석가

해킹 등의 위협으로부터 컴퓨터 내부의 정보를 보호하고 침입을 발견/복구하는 일을 한다.

디지털 마케팅 전문가

디지털 환경에서 특정 상품과 서비스에 대한 소비자를 조사·분석한 후 판매 전략을 세운다.

컴퓨터 시스템 관리원

정보 시스템을 안정적으로 관리·운영하고, 시스템의 성능을 유지하는 업무를 한다.

공정 자동화 전문가

사무에서 제조에 이르기까지 공정을 자동화하기 위한 시스템을 개발한다.

디지털 전환 전문가

디지털 기술을 활용해 기업의 전략, 조직, 문화, 커뮤니케이션, 시스템을 변화시킨다.

비즈니스 개발 전문가

기업의 고민을 파악하고, 고객의 요구에 적합한 방법을 찾고 설명을 한다.

기후변화 전문가

기후변화의 원인을 분석하고, 기후변화에 따른 온실가스 등의 문제를 연구한다.

가상현실 전문가

컴퓨터로 3차원 시스템을 분석하여, 실제 세계와 유사한 느낌이 나도록 구현한다.

재활용 코디네이터

재활용 관련 프로그램을 조직화하고 관리하며, 이에 관련된 기술을 개발한다.

정보통신 컨설턴트

기업의 요구 사항에 적합한 전산 시스템을 구축할 수 있도록 기술을 컨설팅한다.

창업 컨설턴트

창업을 준비하는 사람에게 창업에 대한 전반적인 사항을 상담하고 조언한다.

태양광발전 연구개발자

태양광을 전기에너지로 변환하는 발전 시스템을 연구하고 개발한다.

디지털 장의사

인터넷에 남겨진 고객의 개인정보나 글, 사진 등의 온라인 기록을 삭제한다.

로봇 윤리학자

로봇의 설계, 제조, 판매, 사용 등에서 윤리적 기준을 연구하고 적용한다.

헬스케어 기기 개발자

다양한 기기를 통해 생체 신호를 수집하여, 건강 상태를 평가하는 시스템을 개발한다.

가상현실 전문가

게임, 비행, 관광, 훈련 등의 가상현실 콘텐츠와 시스템을 기획하고 개발한다.

스마트도시 전문가

스마트도시 구성 요소를 반영하여, 도시개발 계획을 수립한다.

가상훈련 시스템 전문가

가상훈련 시스템을 기획, 설계 및 검증하여 가상훈련 콘텐츠를 개발한다.

게임 준비(모둠별)

1. 세팅
4~5명이 한 모둠이 되도록 구성한다.
가치 카드는 글자가 보이도록 테이블에 펼쳐놓고, 가운데 자리는 비워둔다.

2. 시작
1) 선 플레이어를 정하고, 선 플레이어는 진행 방향을 정한다.
2) 진행 방향에 따라 진행자가 된다.

게임 진행

3. 게임(4인 기준)
1) 진행자는 펼쳐진 가치 카드 가운데 5가지를 선택하여 일렬로 나열한다.
   이때 다른 플레이어가 진행자가 생각하는 중요도를 알 수 없도록 무작위로 선택하여 정리한다.
2) 진행자는 자신의 순위 칩을, 숫자가 보이지 않도록 카드 위에 올린다.

3) 다른 플레이어도 자신이 생각하기에 중요한 가치의 순위를 정하고, 모두가 숫자를 보지 못하도록 카드 아래에 순위 칩을 올려놓는다.

4) 카드를 기준으로 가장 아래에 순위 칩을 놓은 플레이어부터 '왜 이렇게 순위를 정했는지'를 설명하며 자신의 순위를 연다.

5) 카드 아래에 순위 칩을 놓은 플레이어가 모두 열면, 진행자 플레이어가 ‘전체 순위를 선택한 이유’를 설명하며 자신의 순위를 연다.

6) 같은 방법으로 두 번째 플레이어가 진행자가 되어 플레이한다.

7) 가치 카드를 모두 소진하거나, 일정한 시간 동안 게임을 하고 종료한다.

게임 결과

4. 승리 조건

가장 많이 일치한 플레이어가 점수 획득칩을 1개 가져간다.

동점자가 나왔을 경우, 각자 1개씩 가져간다.

점수 획득칩을 가장 많이 획득한 사람이 승리한다.

■ 직업 가치 카드

만족스러운 결혼

■ 직업 가치 카드

개인적 자율성

■ 직업 가치 카드

새로운 지식 추구

■ 직업 가치 카드

우정

■ 직업 가치 카드

사랑

■ 직업 가치 카드

종교 생활

■ 직업 가치 카드

정서적 편안함

■ 직업 가치 카드

행복한 가족 관계

■ 직업 가치 카드

안정을 위한 물질

■ 직업 가치 카드

인정받는 용모

■ 직업 가치 카드

건강

■ 직업 가치 카드

아이디어 인정받는 창의성

■ 직업 가치 카드	■ 직업 가치 카드	■ 직업 가치 카드
기본적 지식 만족	**타인을 생각하는 마음**	**사회적 명성**
■ 직업 가치 카드	■ 직업 가치 카드	■ 직업 가치 카드
보장된 휴가	**타인에게 주목받는 인기**	**삶에 대한 지혜**
■ 직업 가치 카드	■ 직업 가치 카드	■ 직업 가치 카드
편견 없는 정의	**정직한 삶**	**막강한 권력**
■ 직업 가치 카드	■ 직업 가치 카드	■ 직업 가치 카드
감각이 있는 예술성	**직장 내 자유**	**직업에서 성공**

■ 직업 가치 카드	■ 직업 가치 카드	■ 직업 가치 카드
타인 위한 사회봉사	나라를 생각하는 애국	적당한 근무 시간

■ 직업 가치 카드	■ 직업 가치 카드	■ 직업 가치 카드
타인으로부터 사회적 인정	많은 월급	이동이 많은 실외 근무

■ 직업 가치 카드	■ 직업 가치 카드	■ 직업 가치 카드
높은 권위	마음의 여유	혼자 일하는 개별성

■ 직업 가치 카드	■ 직업 가치 카드	■ 직업 가치 카드
타인을 이끄는 지도력	쾌적한 근무 환경	더 발견하고 배울 기회의 발전성

■ 직업 가치 카드	■ 직업 가치 카드	■ 직업 가치 카드
움직임 적은 실내 근무	한 가지에 전념하는 전문성	능력 발휘로 얻는 성취감
■ 직업 가치 카드	■ 직업 가치 카드	■ 직업 가치 카드
타인과 어울려 함께 일함	소통 능력	서로 통하는 공감
■ 직업 가치 카드	■ 직업 가치 카드	■ 직업 가치 카드
스스로 선택하는 자율성	변화가 있는 다양성	출퇴근 확실한 워라밸 보장
■ 직업 가치 카드	■ 직업 가치 카드	■ 직업 가치 카드
오래 할 수 있는 안정성	출퇴근 자율적 시간 사용	보장된 육아휴직과 복직

게임 준비(모둠별)

1. 세팅

2~4명이 한 모둠이 되도록 구성한다.

게임 설명서를 나눠주고 게임 방법을 확인한다.

공무원임용 카드, 복무상황 카드, 진로탐색 카드를 섞어서 더미를 만든다.

2. 시작

1) 가운데 게임판을 펼쳐둔다.

게임 진행

3. 게임(4인 기준)

2) 공무원임용 카드 더미에서 1장을 선택한다.

· 선택한 카드에 따라 해당 직위와 직급으로 게임이 시작된다.

· 선택된 직위와 직급을 '나의 직위 및 직급 변동표'에 기록한다.

· 시험낙방 카드를 뽑은 경우 다음 자기 차례에 다시 카드를 뽑는다.

3) 자기 차례가 되면 주사위를 던져서 게임 말을 이동한다.

· 직위와 직급의 선택 및 변동 시 공무원 직제표를 참고한다.

4) 승진기회칸에 도착하면 ○, × 주사위를 던져서 승진 여부를 판단한다.

○가 나오면 1단계 승진, ×가 나오면 승진 실패다.

5) 복무상황칸에 도착하면 복무상황 카드 더미에서 1장을 펼쳐서 지시에 따른다.

· 직위 변동과 관련된 다양한 이벤트들이 나타나면 해당 지시에 따르면 된다. 예) 적극적 행정으로 특별 승진 기회 획득

6) 출마기회칸에 도착하면 선출직 공무원에 도전할 수도(하지 않을 수도) 있다.

· 단, 선출직 공무원에 출마 시 현재의 직위와 직급은 포기해야 한다.

· 선출직 공무원 주사위를 던져서 어떤 직에 도전할지 먼저 결정한다.

· 직위가 결정되면 ○, × 주사위를 던져서 당락을 결정한다.

· 당선 시 해당 직위로 변경하고 특별한 지시가 있을 때까지 직을 유지한다.

· 낙선(실패) 시 무직이 되며 자기 차례에 다시 공무원임용 카드를 뽑는다.

· 선출직 공무원은 특별한 지시(복무상황 카드)가 없는 경우 일반적인 전직과 승진은 불가능하다.

7) 진로탐색칸에 도착하면 진로탐색 카드를 1장 뽑아서 함께 읽어본다.

8) 인사교류칸에 도착하면 선출직을 제외한 직위에 있는 플레이어는 원하는 다른 직위의 동일한 직급으로 이동할 수 있다.

게임 결과

4. 승리 조건

9) 플레이어 중 1명이 대통령에 당선되거나 정해진 시간이 지나면 게임을 종료한다.

10) 게임 종료 시 가장 높은 직급에 있는 플레이어가 승리한다.

· 동일한 직급인 경우, 그 직위 및 직급을 더 오래 유지한 사람이 승리한다.

진로탐색

복무상황

출마기회

출발

한 바퀴 돌 때마다
1단계 승진(선출직 제외)

출마기회

복무상황

승진기회

메타버스

다음 차례에
원하는 곳으로 이동

동일 급수의
다른 직으로 전직 가능
(선출직 제외)

전용기 탑승

복무상황

1회 휴식

인사교류

1회 휴식

승진기회

진로탐색

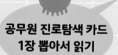
공무원 진로탐색 카드
1장 뽑아서 읽기

복무상황

공무원 게임

승진기회

출마기회

승진기회

복무상황

진로탐색

게임 말

공무원 카드

일반직 —

7급 공무원 시험 합격
(주사보 임용)

공무원 카드

일반직 —

7급 공무원 시험 합격
(주사 임용)

공무원 카드

일반직 —

9급 공무원 시험 합격
(서기보 임용)

공무원 카드

일반직 —

9급 공무원 시험 합격
(서기 임용)

공무원 카드

일반직 —

9급 공무원 시험 합격
(서기 임용)

공무원 카드

일반직 —

9급 공무원 시험 합격
(서기 임용)

공무원 카드

경찰직
└ ┘

경찰대학 졸업
(경위 임관)

공무원 카드

경찰직
└ ┘

경찰대학 졸업
(경위 임관)

공무원 카드

경찰직
└ ┘

경찰공무원 시험 합격
(순경 임용)

공무원 카드

경찰직
└ ┘

경찰공무원 시험 합격
(순경 임용)

공무원 카드

일반직
└ ┘

5급 공무원 시험 합격
(사무관 임용)

공무원 카드

선출직
└ ┘

선출직 주사위
결과 주사위

공무원 카드

군인 ㅡ

사관학교 졸업
(소위 임관)

공무원 카드

군인 ㅡ

부사관 후보 지원
(하사 임용)

공무원 카드

외무직 ㅡ

외무고시 합격
(3등 서기관)

공무원 카드

군인 ㅡ

사관학교 졸업
(소위 임관)

공무원 카드

법원 ㅡ

사법고시 합격
(사법연수생)

공무원 카드

외무직 ㅡ

외무고시 합격
(3등 서기관)

공무원 카드

공무원 카드

| 시험낙방 — |

다음 턴에 다시 도전

공무원 카드

| — 시험낙방 |

다음 턴에 다시 도전

공무원 카드

| 시험낙방 — |

다음 턴에 다시 도전

공무원 카드

| — 시험낙방 |

다음 턴에 다시 도전

공무원 카드

| 감찰 — |

사법고시 합격 (사법인수생)

공무원 카드

| — 파면 |

사법고시 합격 (사법인수생)

표창장

모범 공무원 표창으로
주변에 자랑할 수 있음

표창장

모범 공무원 표창으로
주변에 자랑할 수 있음

표창장

적극적 행정 및 업무 수행으로
표창받음
주변에 자랑할 수 있음

표창장

적극적 행정 및 업무 수행으로
표창받음
주변에 자랑할 수 있음

표창장

적극적 행정 및 업무 수행으로
표창받음
주변에 자랑할 수 있음

표창장

적극적 행정 및 업무 수행으로
표창받음
주변에 자랑할 수 있음

전직
(인사교류)

현재의 직에서
다른 직의 동일한 급수로
이동할 수 있음
(선출직 제외)

전직
(인사교류)

현재의 직에서
다른 직의 동일한 급수로
이동할 수 있음
(선출직 제외)

전직
(인사교류)

현재의 직에서
다른 직의 동일한 급수로
이동할 수 있음
(선출직 제외)

겸직
(인사이동)

현재 국회의원일 경우
대통령이
장관에 임명하여
이동 가능

복직

과거의 부당한 처분이
바로잡혀 복직 가능
희망 시 이전 직으로 복직 가능
(선출직 제외)

복직

과거의 부당한 처분이
바로잡혀 복직 가능
희망 시 이전 직으로 복직 가능
(선출직 제외)

사퇴/사직	사퇴/사직	구속
도덕성에 심각한 타격을 받을 사안이 언론에 폭로되어 사퇴/사직함	관리 감독자로서 책임질 일이 발생하여 사퇴/사직함	직을 수행하는 과정에서 행한 불법적인 행위가 적발되어 구속 (직위 해제)
탄핵	탄핵	탄핵
탄핵심판 대상인 대통령, 국무총리, 각부 장관, 판사, 감사원장 등 대상자인 경우 O, X 주사위 던지기 (O가 나오면 탄핵 확정)	탄핵심판 대상인 대통령, 국무총리, 각부 장관, 판사, 감사원장 등 대상자인 경우 O, X 주사위 던지기 (O가 나오면 탄핵 확정)	탄핵심판 대상인 대통령, 국무총리, 각부 장관, 판사, 감사원장 등 대상자인 경우 O, X 주사위 던지기 (O가 나오면 탄핵 확정)
임명	임명	특별승진
대통령이 국무총리에 임명함	대통령이 장관에 임명함	대한민국 공무원상을 수상하여 특별히 승진을 명받음 (선출직은 제외)
특별승진	장기근속승진	장기근속승진
업무에 세운 공로가 커서 특별히 승진을 명받음 (선출직은 제외)	일정 기간 이상 해당 직에 근무하여 승진을 명받음 (선출직은 제외)	일정 기간 이상 해당 직에 근무하여 승진을 명받음 (선출직은 제외)

선출

현재 국회의원일 경우
국회의장에
선출됨

선출

현재 국회의원일 경우
국회부의장에
선출됨

출마 요청

소속된 정당에서
정치적 필요에 따라
출마를 부탁함
(대통령 출마 가능)

출마 요청

소속된 정당에서
정치적 필요에 따라
출마를 부탁함
(대통령 출마 가능)

보궐선거

소속된 정당에서
정치적 필요에 따라
출마를 부탁함
(서울시장 출마 가능)

보궐선거

소속된 정당에서
정치적 필요에 따라
출마를 부탁함
(국회의원 출마 가능)

강등

직을 수행하는 과정에서
큰 잘못이 있어서
1계급 강등당함
(선출직은 제외)

강등

직을 수행하는 과정에서
큰 잘못이 있어서
1계급 강등당함
(선출직은 제외)

강등

직을 수행하는 과정에서
큰 잘못이 있어서
1계급 강등당함
(선출직은 제외)

출마 요청

소속된 정당에서
정치적 필요에 따라
출마를 부탁함
(국회의원 출마 가능)

파면

직을 수행하는 과정에서
행했던 불법적인 행위가
발견됨
(선출직 제외)

해임

사회적 물의에 대해
소속기관에서 책임을 물어
해임당함
(선출직 제외)

사면권

법적 처벌에 대해
특별히 사면받을 수 있음

- 1회 사용 -

훈·포장

탁월한 업무 수행으로
국가로부터 훈장을 받음
1계급 특진
(선출직은 제외)

주민소환

주민소환 대상인 시장,
도지사, 구청장, 시·군·
구의원 등 대상자인 경우
O, X 주사위 던지기
(O가 나오면 소환 확정)

주민소환

주민소환 대상인 시장,
도지사, 구청장, 시·군·
구의원 등 대상자인 경우
O, X 주사위 던지기
(O가 나오면 소환 확정)

🐻 공무원 직제표

	일반행정	외무직	치안직	군인	검찰	법원	선출직
국가원수	대통령						대통령
총리급	국무총리					대법원장/헌재소장	국회의장
부총리급	부총리/감사원장					중앙선거위원장	국회부의장
장관급	장관	외교부장관		장관/대장	장관/검찰총장	대법관	서울시장
차관급	차관	차관	경찰청장	차관/중장	차관/고검장	고등법원장	국회의원/도지사
1급	관리관	대사	치안정감	소장	지검장	고법부장판사	서울구청장
2급	이사장(국장)	공사	치안감	준장	부장검사	지법수석판사	시장/도의원
3급	부이사관	참사관	경무관	대령	지검부장검사	지법부장판사	군수/시의원
4급	서기관	1등 서기관	총경(서장)	중령	부부장검사/평검사	판사	
5급	사무관(계장)	2등 서기관	경정	소령	사법연수생	사법연수생	
6급	주사	3등 서기관	경감/경위	대위		주사	
7급	주사보		경위/경사	소위		주사보	
8급	서기		경장	중사		서기	
9급	서기보		순경	하사		서기보	

진로탐색 카드 ......

공무원 승진은 하위계급에 재직하고 있는 공무원을 상위계급에 임용하는 것으로 일반승진, 공개경쟁승진, 특별승진, 근속승진이 있다.

진로탐색 카드 ......

인사교류제도는 타 기관의 경험과 우수사례 활용으로 공무원의 역량을 개발하고 협업 기반을 강화하기 위해 도입하였다.

진로탐색 카드 ......

국민추천제도는 참신한 인재 발굴을 목적으로 국민이 직접 참여하여 공직 후보자를 추천하는 국민참여형 선진 인사 시스템이다.

진로탐색 카드 ......

정무직 공무원은 선거, 국회 동의로 임용되며, 고도의 정책 결정 업무를 담당하거나 이를 보조하는 일을 한다.

진로탐색 카드 ......

별정직 공무원은 비서관·비서 등 보좌 업무를 수행하거나 특정한 업무 수행을 위하여 별령에서 별정직으로 지정하는 공무원이다.

진로탐색 카드 ......

일반직 공무원은 기술·연구 또는 행정 일반 업무를 담당하는 공무원으로, 행정·기술직, 우정직, 연구·지도직 등이 있다.

진로탐색 카드
......

특정직 공무원은 업무가 특수하여 자격·신분·복무 등 특별법이 적용되는 법관·검사, 외교관, 경찰 등 특수 분야 업무를 담당한다.

진로탐색 카드
......

국가정보원장은 국가정보원을 대표하는 직위로, 장관급 정무직 공무원이다. 대통령이 임명하며 인사청문회를 가쳐야 한다.

진로탐색 카드
......

헌법재판소장은 헌법재판소를 대표하는 직위로 출리급 공무원이다. 국회 통의를 얻어 헌법재판소의 재판관 중에서 대통령이 임명한다.

진로탐색 카드
......

중앙선거관리위원회 위원장은 중앙선거관리위원회를 대표하는 직위로 정무직 공무원이다. 대법관이 위원장으로 선출되는 것이 관례로 되어 있다.

진로탐색 카드
......

국회입법조사처장은 국회 입법조사처를 대표하는 직위로, 차관급 정무직 공무원이다. 국회운영위원회의 통의를 얻어 국회의장이 임명한다.

진로탐색 카드
......

대통령 비서실장은 대통령 비서실을 대표하는 직위로 장관급 정무직 공무원이다. 대통령의 직무를 보좌하며 대통령이 임명한다.

진로탐색 카드

진로탐색 카드

질병관리청장은 질병관리청을 대표하는 직위로 차관급 정무직 공무원이다. 감염병 및 각종 질병에 관한 사무를 관장한다.

진로탐색 카드

합동참모의장은 대한민국 국군의 4성 장성(대장)이다. 현재 대한민국 국군 의전서열 1위에 해당하며, 대장 중에서 대통령이 임명한다.

진로탐색 카드

대통령 경호처장은 대한민국 대통령 경호처를 대표하는 직위로 차관급 정무직 공무원이다. 대통령의 경호 업무를 담당하며 대통령이 임명한다.

진로탐색 카드

국가인권위원회 위원장은 국가인권위원회를 대표하는 직위로 장관급 정무직 공무원이다. 국민의 인권 보호를 위한 위원회의 업무를 총괄한다.

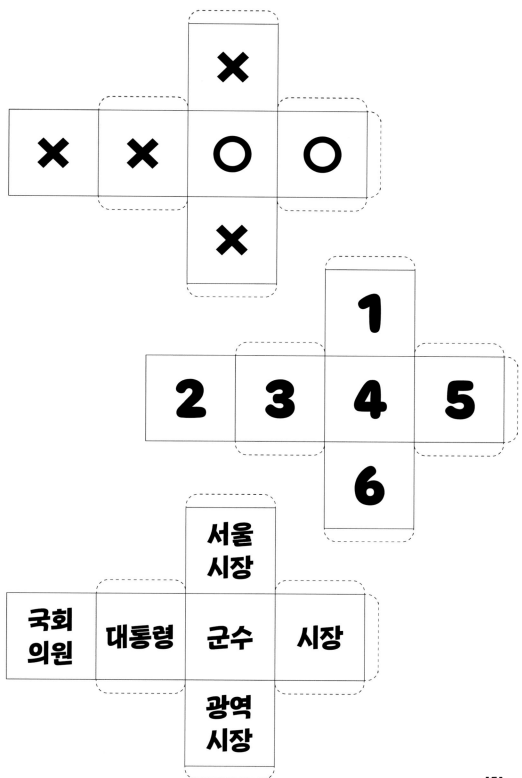

나의 지위 및 직급 변동표

나의 지위 변화를 순차적으로 기록해 봅시다.

목적

목적

공무원 직급과 직위 작성표

공무원 직급(계급)과 구체적인 직위

계급(지위)	구체적인 직위
국가원수	
총리급	
부총리급	
장관급	
차관급	
1급	
2급	
3급	

공무원 직급의 특징을 말해 보자.

게임 준비(모둠별)

1. 세팅

4~5명이 한 모둠이 되도록 구성한다.
게임을 위해 가운데 자리는 비워둔다.
역량 카드는 글자가 보이지 않도록 더미를 만들어 펼쳐놓는다.

2. 시작

1) 선 플레이어를 정하고, 선 플레이어는 진행 방향을 정한다.
2) 진행 방향에 따라 진행자가 된다.

게임 진행

3. 게임(4인 기준)

1) 선 플레이어는 더미의 역량 카드를 위부터 5장을 뒤집고 일렬로 나열한다.
2) 선 플레이어는 '미래에 창업/창직을 위해 우리가 갖춰야 할 역량'의 순위를 정한다. 이때 자신의 순위 칩의 숫자가 보이지 않도록 카드 위에 올린다.

3) 다른 플레이어는 자기의 생각을 중심으로 우선순위를 정하고, 모두가 숫자를 보지 못하도록 카드 아래에 순위 칩을 올려놓는다.

4) 카드를 기준으로 가장 아래에 순위 칩을 놓은 플레이어부터 '1순위를 선택한 이유'를 간단히 설명하며 자신의 순위를 보여준다.

5) 카드 아래에 순위 칩을 놓은 플레이어가 모두 열면, 진행자 플레이어가 '전체 순위를 선택한 이유'를 설명하며 자신의 순위를 보여준다.

6) 같은 방법으로 두 번째 플레이어가 진행자가 되어 플레이한다.
7) 모든 역량 카드를 소진하거나, 일정한 시간 동안 게임한 후 종료한다.

게임 결과

4. 승리

가장 많은 사람이 선택한 수를 바탕으로 단어의 순위를 정한다.

위의 경우 1이 2개 있는 창의력이 가장 높은 1순위가 된다.

가장 높은 단어에 1을 놓은 두 친구가 점수 획득 칩을 1개씩 가져가고, 1순위 단어를 기록한다.

3명이 동시에 선택했다면, 3명이 점수 획득칩을 1개씩 가져간다.

점수 획득칩을 가장 많이 획득한 사람이 승리한다.

■ 업무 수행 능력 카드

설득력

■ 업무 수행 능력 카드

창의력

■ 업무 수행 능력 카드

공간지각력

■ 업무 수행 능력 카드

수리력

■ 업무 수행 능력 카드

추리력

■ 업무 수행 능력 카드

판단력

■ 업무 수행 능력 카드

빠른 의사 결정력

■ 업무 수행 능력 카드

기억력

■ 업무 수행 능력 카드

글쓰기

■ 업무 수행 능력 카드

가르치기

■ 업무 수행 능력 카드

사고의 유연성

■ 업무 수행 능력 카드

사고의 균형

■ 업무 수행 능력 카드	■ 업무 수행 능력 카드	■ 업무 수행 능력 카드
반응 시간	반응 속도	기술 분석
■ 업무 수행 능력 카드	■ 업무 수행 능력 카드	■ 업무 수행 능력 카드
빠른 문제 발견	문제 해결력	협상력
■ 업무 수행 능력 카드	■ 업무 수행 능력 카드	■ 업무 수행 능력 카드
전산능력	학습 전략	논리적 분석
■ 업무 수행 능력 카드	■ 업무 수행 능력 카드	■ 업무 수행 능력 카드
인적자원 관리	모니터링	말하기

업무 수행 능력 카드

조작 능력

업무 수행 능력 카드

통제 능력

업무 수행 능력 카드

뛰어난 시력

업무 수행 능력 카드

정교한 동작

업무 수행 능력 카드

시간 관리

업무 수행 능력 카드

풍부한 물적 자원

업무 수행 능력 카드

행동 조정력

업무 수행 능력 카드

선택적 집중력

업무 수행 능력 카드

움직임 통제력

업무 수행 능력 카드

음악 지능

업무 수행 능력 카드

감성 지능

업무 수행 능력 카드

공감 지능

■ 업무 수행 능력 카드	■ 업무 수행 능력 카드	■ 업무 수행 능력 카드
공학설계	이해력	품질관리 분석력
■ 업무 수행 능력 카드	■ 업무 수행 능력 카드	■ 업무 수행 능력 카드
범주화	기술 설계	대인관계 능력
■ 업무 수행 능력 카드	■ 업무 수행 능력 카드	■ 업무 수행 능력 카드
서비스 지향	재정관리	소통 능력
■ 업무 수행 능력 카드	■ 업무 수행 능력 카드	■ 업무 수행 능력 카드
꼼꼼한 점검	뛰어난 설치	자기이해

■ 업무 수행 능력 카드

청력

■ 업무 수행 능력 카드

사람
파악

■ 업무 수행 능력 카드

인적
관리

■ 업무 수행 능력 카드

신체적
강인성

■ 업무 수행 능력 카드

전문
지식

■ 업무 수행 능력 카드

자연
친화력

■ 업무 수행 능력 카드

비판적
사고력

■ 업무 수행 능력 카드

창작력

1 2 3 4 5

1 2 3 4 5

1 2 3 4 5

1 2 3 4 5

1 2 3 4 5

점수 획득칩

획득	획득	획득	획득	획득
획득	획득	획득	획득	획득
획득	획득	획득	획득	획득
획득	획득	획득	획득	획득
획득	획득	획득	획득	획득
획득	획득	획득	획득	획득
획득	획득	획득	획득	획득